宇井氏今昔物語

宇井邦夫

水曜社

目次

宇井氏今昔物語

凡　例

①図表・写真は、各章末尾に纏めて収載した。

②本書は「宇井」を主体としているが、「鈴木」関係者は、「鈴木」に置き換えて読まれたい。

③自治体名・住所名は調査時のものであり、合併などにより変わっていることがある。

④本書は拙著「ウイウイエイ」「宇井氏の歴史」「黒潮の道」を底本とした書き下ろしである。

第一章　人類史略伝

歴史を論じるに際して、その出発点をどこに選ぶかはむずかしい。止むを得ず、人類の原点にまで遡って、簡単に述べたい。

一般に、人類は中央アフリカ、エチオピアで発生したとされる。七〇〇万年前のことである。その間には、二〇種にも上る人類が誕生と絶滅を繰り返し、弱肉強食という動物界の原則には逆らいながら、天変地異の変遷に伴って栄枯盛衰を繰り返していたのが原人といわれる石器と狩猟を主としていた人種であった。また自然は、氷河時代が主で、間氷期といわれる温暖な時代が時折おとずれていた。凡そ二〇万年前に新人に区分されるホモサピエンスと呼ばれる私達人類の祖先が誕生し、急速に世界に拡散していった。人間らしい知恵をそなえ、文明の進化が相まっていた。最後の氷期は、一万四〇〇〇年前に終結し、地球は温暖な間氷期に入っていった。最終氷期の最寒冷期は、二万一〇〇〇年前頃といわれ、海も凍結して海面低下をもたらし、海岸線は大きく前進し、海面低下は一〇〇メートル超であった。このことは、現在は海峡になっている所は陸続きとなり、動物は勿論、人類の祖先たちも歩いて行けるようになり、各地へと拡散していった。

アフリカを出発したご先祖様は北上して、欧州からシベリア経由でアラスカに行き、そして、アメリカ大陸を南下した集団、また、中央アジアを経て中国や日本に至る集団、さらに東南アジアを経てインドネシア諸島へと進出した集団に分れていったと見られる（「新人が地理的に拡散していった想定経路図」章末収載）。

こうした人類の拡散を助けた技術を見ると寒期には、動物の毛皮を縫合して防寒具を作ったり、海洋地域では丸木舟を造って漁業するなどした。陸地では槍による狩猟の時代から温暖な地域では植物の栽培から農業が発達するが、これらを支える工具とも言うべき物が石器であった。長い石器時代ではあったが、石を道具として活用できた人類は、これによって動物たちとの共存を分ち、地球上に君臨するようになった。約一万年前頃には、人類は植物を栽培する技術で、食料入手方法に人工技術を導入でき、定住するようになった。日本では、縄文時代と呼ばれる時期で、一万三〇〇〇年前くらいに始まったとされている。この頃には、氷河期は終って地球は温暖化に向い、植物の繁茂域も北上を始めている。日本では、土器の時代となり、中東や中国では青銅器の時代に入り、文明の進化が著しくなっていく。道具や資源の利用方法を入手した人類は、圧倒的速さと強さをもって拡張し、自然環境の破壊を伴いながら動物界をも制するに至る。現代になって、やっとその反省も芽生えて来たが、その抑止力が効果を発するか否かが人類の将来を決するのではないだろうか（「人類の発達表」章末収載）。

私見ではあるが、現在の地球の温暖化は、地球上の環境破壊に大きな影響を及ぼしてはいるだろうが、巨視的に見れば、約一万年続いている間氷期の延長であり、それに人間のエゴが上乗せをした結果ではないか。やがて氷河期が再来し、地球上の相当部分が寒冷化、凍土化し、農業に不適になれば、食料飢饉により七〇億に膨張したホモサピエンスを支えることが不可能になり、自滅の方向に進む時代が来るのではないか。こうした時代の招来する要因の一つに火山の巨大噴火がある。排出される火山灰が空中に滞留し、日光が地上に届かなくなれば、それは地上の寒冷化を促進することになる。江戸時代の富士山や浅間山の噴火が招いた結果を見れば明らかなことである。

大脱線してしまったが、人類の大拡散は三〜五万年前にあった。日本の場合について見てみよう。まだ氷河期で海面は随分低下していた。シベリアとサハリンと北海道は殆ど地続きであり、朝鮮半島から対馬を経て日本へも移動しやすい状況下にあった。石垣島からは、白保竿根田原洞穴遺跡から一九体以上の人骨が発掘され、それらは、二万七〇〇〇年〜二万年のものと鑑定されている。その他、琉球列島諸島からは三万年前後の旧石器時代の遺跡が発見されている。これは、中国大陸→台湾、あるいは東南アジアからの南ルートの伝播ルートの存在を示すものである。東京の科学博物館の海部陽介博士らは、このルートが可能であることを実証しようと大実験を企画した。

琉球列島の諸島間は夫々一〇〇キロ以内で互いに目視できる距離にある（「琉球列島図」章末収載）。唯一、台湾と与那国島間は二〇〇キロで、目視では海原のみで見えないと言われてきた。しかし近年、台湾の小高い丘に登れば、かすかに見えることが確認されている（「台湾近海図」章末収載）。この海原には黒潮が流れているので、台湾から与那国島へ渡るには、黒潮の流れに抗しながら横断するために、どんな舟が必要なのかを実験した（「琉球列島の遺跡と黒潮の流路」章末収載）。二〇一六年には、ヒメガマを刈り取り、それを束ねて舟にして漕ぎ出したが、幅一三キロメートルの黒潮の流れを横断することができず、失敗した。二〇一七年には、竹を籐で縛って舟を作って漕ぎ出したが、やはり失敗した。第三の実験は、杉の巨木で丸木舟を作ることであった。琉球列島の遺跡からは人骨が発見されてはいるが、石斧は発見されていない。三万年前の本州や九州には存在していた石斧を複製して巨木を倒すことに挑戦した。六人の大人が交代で直径一メートルほどの杉に石斧を叩きつけ、六日、三万六二二五回目の一撃で倒すことに成功した（「石斧で巨木伐採」章末収載）。長さ八メートルにされた巨木は、二〇一八年夏には上野で展示された。この用材で丸木舟が作られ、二〇一九年に「三万年前の航海」の大プロジェクトを締めくくる完結航海が実施された。二〇一九年七夕の日に挑戦され、四五時間をかけて七月九日一一時四八分与那国島西部のナーマ浜に到着した。草や竹材の舟は、水に対する抵抗が大きくて失敗したが、丸木舟で舟の外側が滑らかになり、スピードが出せるようになり、毎時二ノットの黒潮の流れに打勝てるようになった所に成功の鍵があった。この成果は、三万年前に東南ルートを通って日本人の祖先となる第三のルートの存在を立証したのである（「丸木舟で黒潮横断成功の報道記事」章末収載）。

琉球列島の存在は、日本人のルーツを求める際には無視できない。三万年前の人骨が発見されて以降の事実がそれを如実に語っている。民俗学者の柳田国男は「海上の道」と名づけている。稲と子安貝の分布と伝播から探求を続けた。弥生時代の遺跡から南海産の貝の装身具が、その最北は北海道伊達市有珠10遺跡から検出されている事実に到達する。大型の巻貝を輪切りにすると美しい色のリングとなり、腕輪に利用されている例は良くお目にかかるところである。

本文をまとめるに当っては、次の文献を参照した。記して謝意を表したい。

参照文献

『人類誕生』　NHKスペシャル「人類誕生」制作班編、馬場悠男監修、学研プラス刊、二〇一八年八月。本書は二〇一八年四～七月、テレビで三回に亘り放映された特集番組を文字化したものであり、写真多数である。

『人類がたどった道』　海部陽介著、ＮＨＫブックス、日本放送出版協会刊、二〇〇五年。人類史全般について詳細な最新情報をのせる。

上野科学博物館展示パネル、二〇一八年九月現在。海部博士らの「三万年前の航海」の実験のＰＲ解説。

図録『海上の道・沖縄の歴史と文化』　読売新聞社刊、一九九二年。

新人が地理的に拡散していった想定経路図

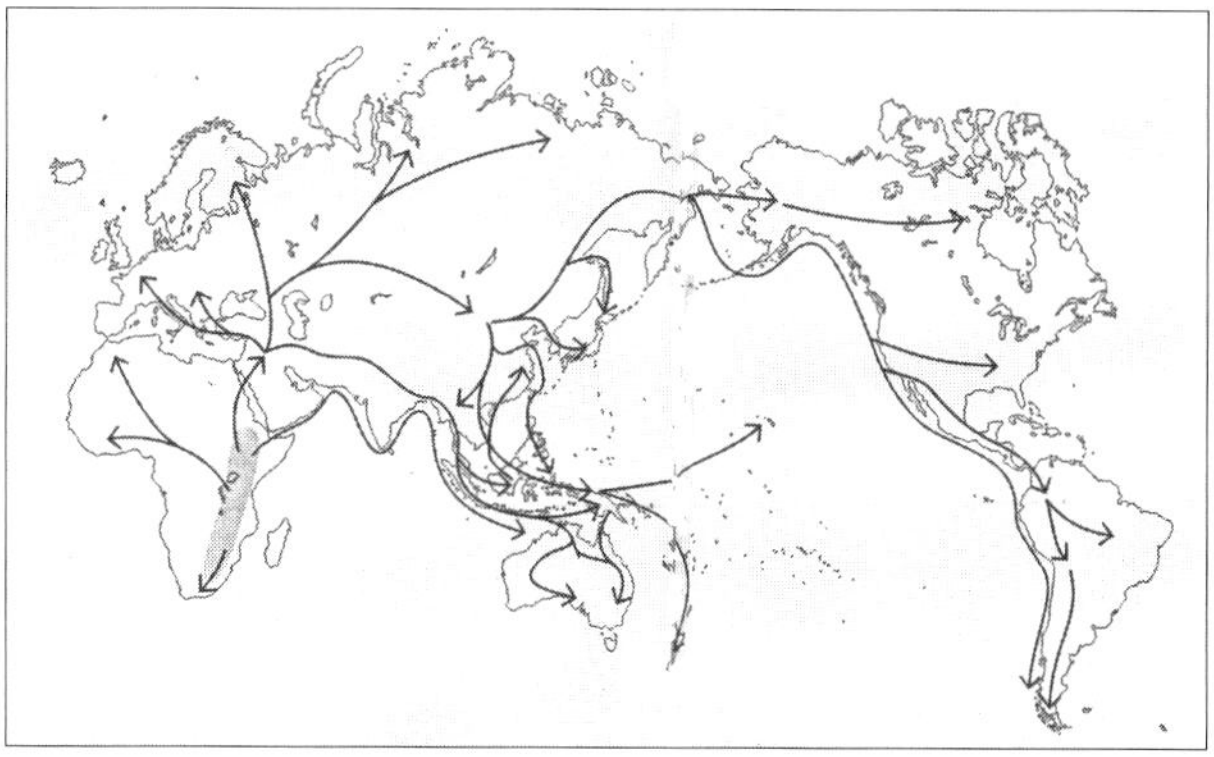

出典：斎藤成也著『日本人の源流』河出書房新社、2017

人類の発達表

年代	事件	記事
700万年前	人類誕生	アフリカの森林と疎林
240万年前	ホモ属の誕生	草原に完全進出
20万年前	サピエンスの誕生	創造的戦略的思考
1万年前	農業革命	文明の発祥
300年前	産業革命	化石燃料の使用
現代	地球温暖化	CO_2、フロンガス排出規制

琉球列島図

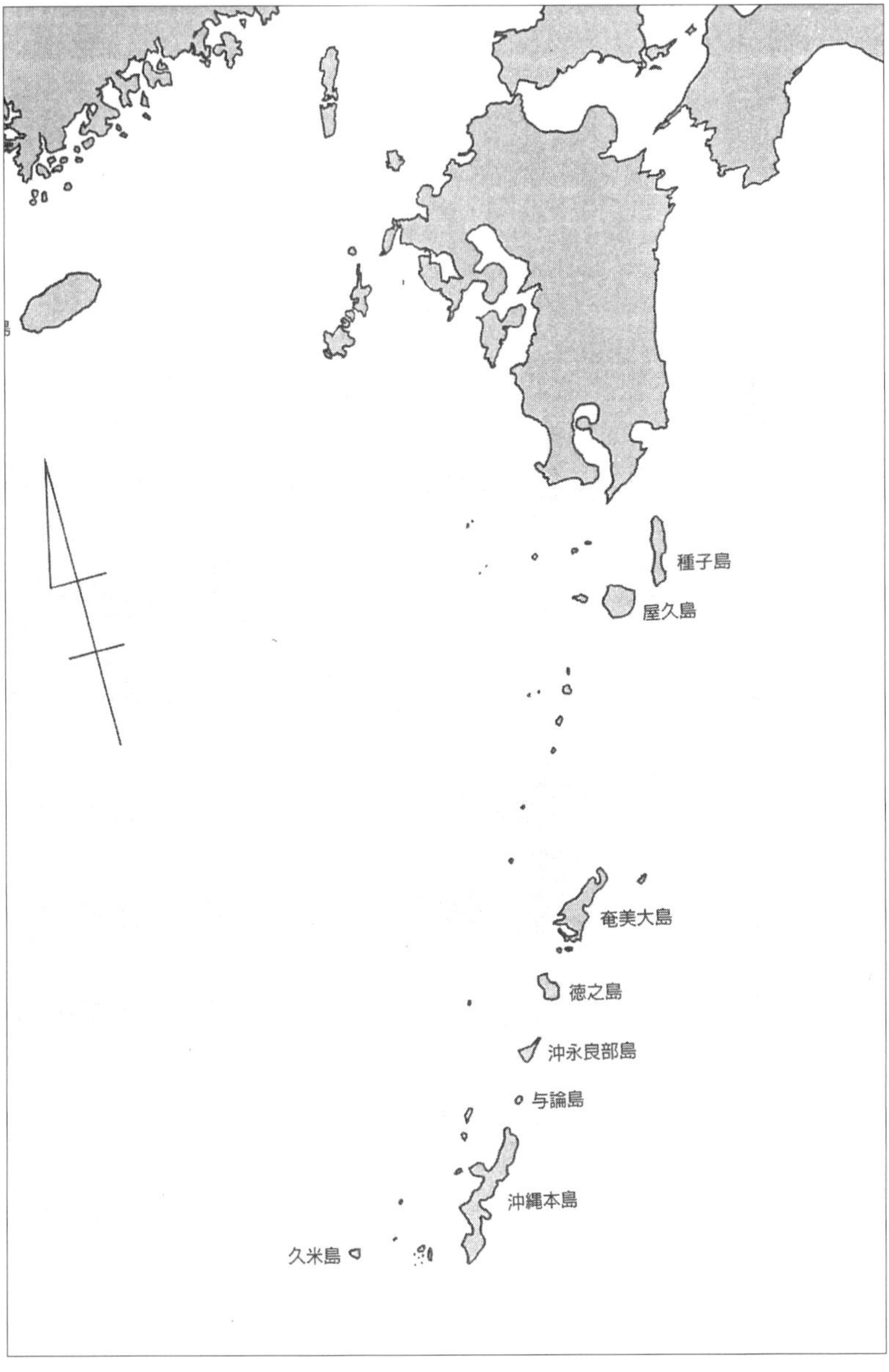
種子島
屋久島
奄美大島
徳之島
沖永良部島
与論島
沖縄本島
久米島

台湾近海図

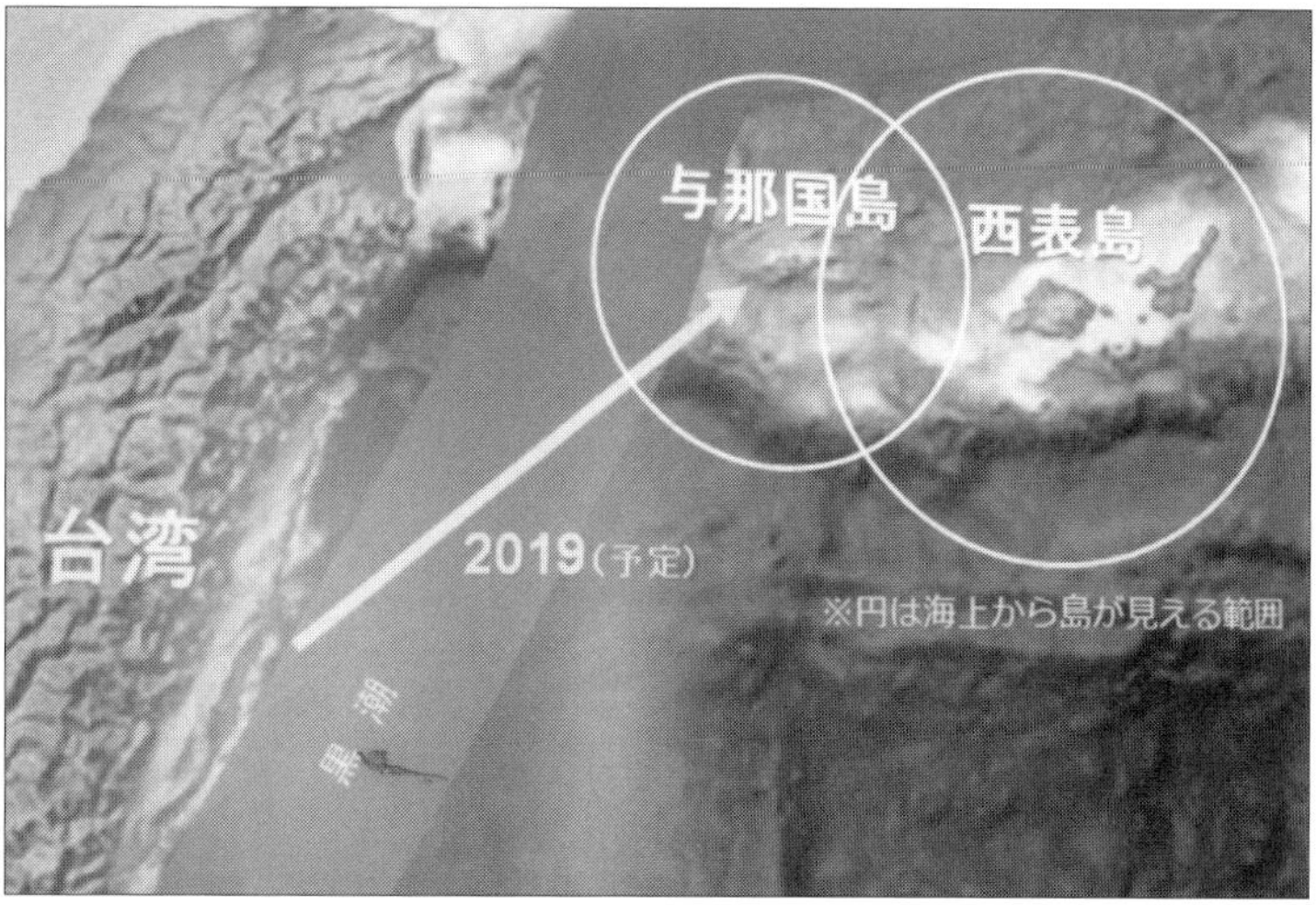

出典：上野国立博物館展示パネル

琉球列島の遺跡と黒潮の流路

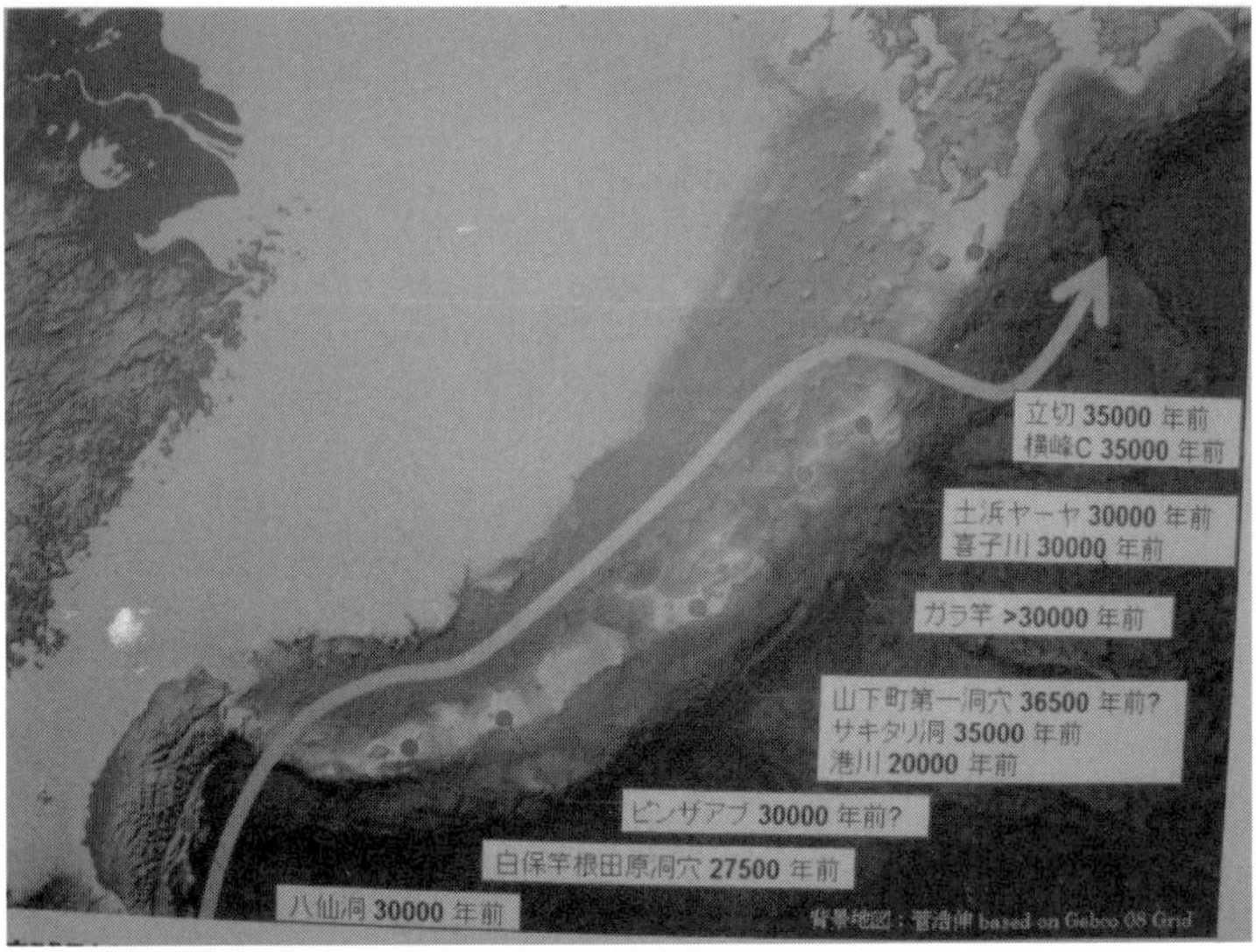

出典：上野国立博物館展示パネル

石斧で巨木伐彩（巨木伐彩実験）

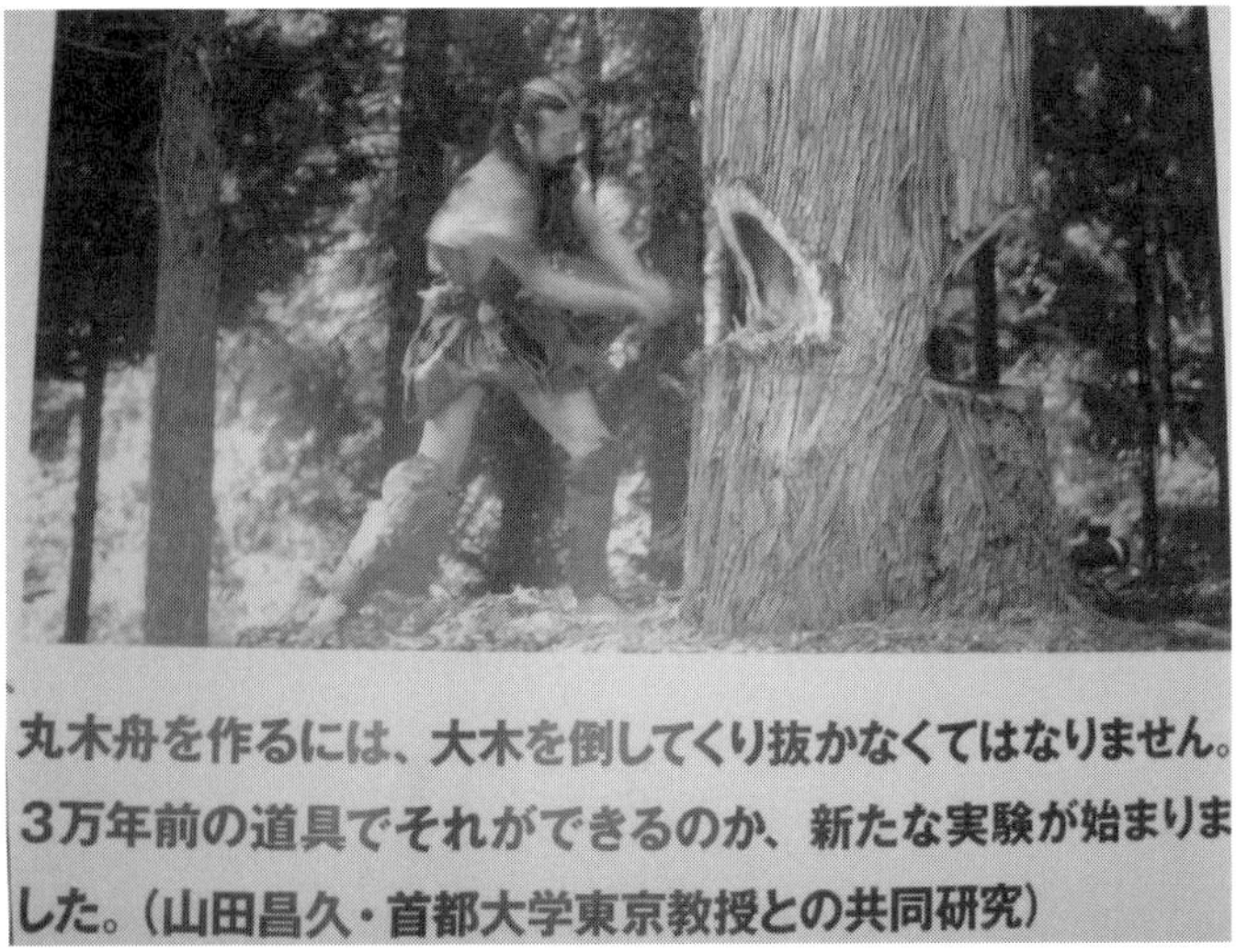

出典：上野国立博物館展示パネル

丸木舟で黒潮横断成功の報道記事

沖縄・与那国島の「ナーマ浜」に到着した丸木舟（9日正午前、伊藤崇撮影）

動画

丸木舟で「渡来」成功

＊ 台湾から与那国45時間かけ

約3万年前、日本人の祖先が台湾からどう渡来したのかを探る国立科学博物館などのチームの丸木舟（全長約7・6㍍）が、9日正午前、目的地の沖縄・与那国島の「ナーマ浜」に到着した。男女5人が約45時間にわたり総距離200㌔・㍍超をこぎ続け、航海実験を成功させた。

実験は、日本人の祖先が、当時、大陸と陸続きだった台湾から、巨大な海流「黒潮」が北上する海域をどうやって渡り、与那国島までたどり着いたのかを検証するのが目的。当時の遺跡から舟は見つかっていないが、技術的に製作可能で速度の出る丸木舟を選び、古代の航海の再現に挑んだ。

丸木舟は、日本時間の7日午後2時38分、台湾東岸（台東県北部）から出航。太陽や星の位置などを頼りに、交代でこぎ続けた。

〈関連記事11面〉

2019年7月9日、読売新聞

第二章　日本への渡来

長い地球の寒冷期は、約一二万年前に最終氷期を迎えるようになった。地球の平均気温は、変動しながらも徐々に低下し、二万一〇〇〇年前頃にピークを迎える。この時、ユーラシアやアメリカの中緯度地域では、夏の気温が摂氏一〇度前後、場所によっては一五度以上下がったと推定される。この結果、相当範囲で海面は氷結し、海面の低下を来し、海峡や島々が陸続きになった。徒歩しかなかった当時の動物や人類にとっては、その分布に大きな変化をもたらすものであった。

アフリカを出発点とした人類は北上して、欧州に至り、やがてシベリアを経由して遂に北米大陸、更に南米大陸に達する大きな流れがあった。その分派が樺太（サハリン）を経て日本北部にやって来た。欧州からインド・東南アジアやインドネシアと南ルートをとったグループや中国大陸へと進出したグループもあった。

日本へは北部ルートと南から海上ルートで進出したようである。こうして花開いた文化が縄文土器を使用したことから縄文時代と呼ばれている。これ迄の石器を用い狩猟を主とした文化とは異なり、半猟半農の新文化で一万四〇〇〇年以降のこととされている。北海道南部や青森の山内丸山遺跡が有名である。南では北九州の吉野ヶ里遺跡などが大規模遺跡として保存されている。縄文土器の特徴から北方系と南方系が衝突する地区は、若狭湾と伊勢湾を結ぶ線になるといわれている。縄文時代は、一万~一万四〇〇〇年続いたとされている。続くのが弥生時代と区分される時代で、青銅器や鉄器を利用した時代であり、西暦二~三世紀であり、この時に、朝鮮半島経由の人類移動が見られる。南北縄文人が分布している日本本土へクサビを打つように山陰・中国地方へ進出して来た。この弥生人の特徴は、単なる民族の移動ではなく、朝鮮半島の政治的不安定から逃れるための知識人や特殊技能者を主とした亡命集団といった方が判り易い。

こうしたことから、紀伊半島南端に位置する熊野にスポットを当てると、古代から定住していた熊野人は、弥生人によって南へ押しやられ、熊野地方に押し込められ、半ば孤立状態になってしまった。大雑把に言うと、北緯三四度線より南である。紀伊半島基部に当たる奈良は弥生人を主勢力とする朝廷の勢力が既に権力を握っていた。哲学者であり熊野に強い関心を示した梅原猛は、熊野には縄文文化が残って居り、「日本の原郷」と呼んだ。梅原猛著『日本の原郷・熊野』新潮社刊の「とんぼの本」(一九九〇年刊)は、熊野を論じた好著である。その一部を引用させて頂く(本文四四頁より)。

日本は近畿地方を中心に弥生人が住み、北と南に、そして山間や海浜に縄文人が残ったということになる。それ故、もっとも縄文文化の面影を残している文化といえばアイヌ文化と琉球文化ということになる。

このような目で熊野を見るとき、熊野は近畿地方においてもっとも縄文文化の面影をとどめる地域であると言わねばならない。人類学的にも熊野の人は紀の川沿岸の和歌山県の人と違い、多分に縄文的特徴を持っているという。熊野の人は明らかに縄文遺民であり、最近まで縄文的生活をしていたのである。この弥生文化の中心である近畿地方にありながら強く縄文文化の面影をとどめるところに熊野の風土的特徴がある。

しかし、縄文時代の情報は十分であるとはいえない。弥生時代になると、多くの情報が具体的になっている。西暦三世紀が境になり、以後は古墳の遺跡発掘の成果や『魏志倭人伝』をはじめとする文字資料も入手できるようなる。但し、時代を確定するには至っていない。卑弥呼《ひみこ》やアマテラスが実在したのか否か、倭国がどこに存在したのか、奈良の箸墓は誰を葬ったのかなどが、今日に於ける古代史上での最大の疑問点といって差支えなかろう。令和時代に入った時点で、思い切った私見を提示してみたい。

　卑弥呼は、『魏志倭人伝』が収載した時点では、北九州の倭国の女王であったが、後に天下統一の結果として大和に移り、箸墓の周辺に君臨したのではないか。倭《ヤマト》迹《ト》迹《ト》日《ヒ》百《モモ》襲《ソ》姫の墓あるいは箸墓は、卑弥呼の墓ともいわれ、近くの纒向遺跡と共に注目されている（「箸墓古墳・倭迹迹日百襲姫墓」章末収載）。

　纒向遺跡は大神《おおみわ》神社の御神体である三輪山の麓から大和川にかけての一帯に拡がっている。弥生時代末期から古墳時代前期にかけての集落遺跡である。平成三十年には、出土していた桃の種が年代測定で一三五～二三〇年時代のものと判明し、平成三十一年には、蛙の骨一一七点、計一二匹分と推定される出土があり、人為的に刃物で解体したとみられる傷もあり、祭祀遺跡であると見られる宮殿遺跡であったと理解されている（「纒向遺跡で蛙の骨出土の報道記事」章末収載）（「纒向遺跡に武器工房の報道記事」章末収載）。こうして、邪馬台国の卑弥呼の時代（二世紀末～三世紀前半）と重なることから注目されている。

箸墓の発掘は行なわれていないので、当分の間、結論は出ない。もう一つ、アマテラスと卑弥呼は同一人物ではないか。共に弥生人であり、女性であり、シャーマンであるという共通点を見ることができる。アマテラスの弟であるスサノオについては、『古事記』で人格を与えられ、稲田を壊したりする、手に負えない暴れ人として表現されている。機織りをするアマテラスといった技術を有している時代表現から日本神話は、三世紀の史実であると断定できる。

さらに、日本古代史の謎として「銅鐸」がある。これらの出土地が、出雲と琵琶湖の南部の野州《やす》などに局限され、ある時、一斉に埋納されたらしい。銅鐸は、立派な青銅器である。ということは、鋳造時は外観は黄金色である。これは、王権のシンボルか、祭祀の際の中心になったものと想像される。この銅鐸が一斉に地上から姿を消し、複数個の銅鐸が重ねる形で出土していることには、人為的なものを感じさせられ、新勢力に旧勢力が切換えさせられた故事に継がれるのではないか。出雲勢が大和朝廷に征伏させられたことも、有力な候補ではなかろうか。

筆者は、平成前半期、ルーツを求めて紀州、出雲を歩いた。特に専門的知識や予見なしの旅であった。その結果、得られた二〜三世紀の歴史の結論は以上のようなものに収斂した。

ここで、熊野に焦点を絞って弥生時代以降の情況を概観してみよう。

先ず日本地図で紀伊半島を眺めると、古代に於いては、日本の中心であったことが判る。即ち、琵琶湖の南西部に京都、大阪があり、大阪より南部が紀伊半島として本州から南へ突き出している。紀伊半島最南端の潮岬まで直線で約一五〇キロである。半島の中央部には、大峯山を中心とする紀伊山地が南北に走り、行政区分としては奈良県に属している。奈良県の東側が伊勢で代表される三重県、西側がほぼ紀の川の南で和歌山県となり、古くは、その最南部、ほぼ北緯三四度以南が紀の国、熊野と呼ばれていた（「紀伊半島図」章末収載）。

衛星写真が示すように、四国を中心とする中央構造線が紀伊半島では紀の川沿いに走り、その南側が熊野の山岳地帯であり（「ランドサット衛星がとらえた中央構造線。右が紀伊半島」章末収載）、写真に見えるように信仰・修行の地であることが判る（「紀伊半島要図」章末収載）。

飛鳥時代になると、歴史文献も現存するようになり、中国、朝鮮との修交も盛んになったのが五世紀頃である。

箸墓古墳・倭迹迹日百襲姫墓

纏向遺跡で蛙の骨出土の報道記事

纏向遺跡 祭祀にカエルか

奈良 骨117点が出土

人為的に傷つけられた可能性があるツチガエルの骨（中村泰之・琉球大博物館協力研究員提供）

邪馬台国の有力候補地とされる奈良県桜井市の纏向《まきむく》遺跡で、3世紀中頃の穴から出土したカエルの骨117点を確認したと、同市纏向学研究センターが25日、発表した。神聖な生き物として祭祀《さいし》に用いられたとみられる状況で出土した国内初の例という。

骨は2010年、不老長寿の効果があると信じられていた桃の種や土器などと一緒に、宮殿とされる大型建物跡近くの穴から出土。分析を進めた結果、国内に生息するニホンアカガエル、ナゴヤダルマガエル、ツチガエルの3種（推定体長4～7㌢）、計12匹分と推定できることがわかった。全身の骨格はそろっておらず、刃物で解体したとみられる傷もあった。カエルは弥生時代の銅鐸《どうたく》などに描かれ、古代中国でも祭祀に供えた記録があり、神聖な生き物とされてきた。

辰巳和弘・元同志社大教授（古代学）の話「カエルは毎春、冬眠から目覚めることから、よみがえりや再生の象徴とされ、祈りの対象だった。どんな祭祀に用いられたのか興味深い」

2019年4月26日、読売新聞

纒向遺跡に武器工房の報道記事

売 新 聞 令和元年5月22日

大和王権 武器工房か

奈良・纒向遺跡

柄や鞘 作りかけ10点出土

邪馬台国の有力候補地で大和王権発祥の地とされる奈良県桜井市の纒向《まきむく》遺跡で、3世紀前半～4世紀前半の刀剣の柄や鞘《さや》などの未完成品約10点が市教育委員会の調査で出土したことがわかった。纒向遺跡で未完成の武器がまとまって見つかるのは初めてで、市教委は「武器を大量生産した王権直轄の工房が近くにあった可能性がある」という。専門家は「武器から古代の王権の在り方がうかがえる成果だ」としている。

宮殿とされる大型建物跡などが見つかった遺跡の中心部付近にあった溝や穴から、いずれも未完成の柄（縦16・5センチ、横4・5センチ）や鞘（縦34センチ、横3・5センチ）、盾（縦25センチ、横3センチ）などが昨年10月からの調査で出土した。鹿角製の柄（縦12・5センチ、横5・5センチ）以外は全て木製品だった。

製作途中、何らかの理由で廃棄されたらしい。一緒に出土した土器から年代を特定。漆の付いた土器もあり、漆塗りの製品もあったとみられる。

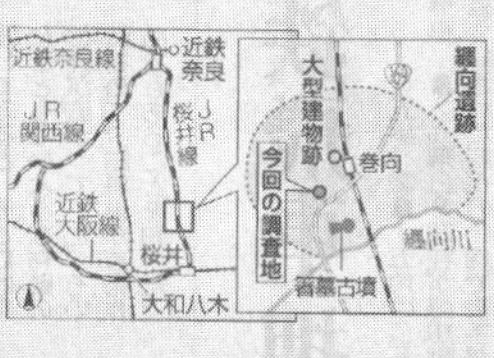

市教委などによると、弥生時代まで武器の形は地域によって異なっていたが、3世紀以降、全国的に形が統一されていったという。豊島直博・奈良大教授（考古学）は「未完成品がまとまって見つかったことが重要だ。前方後円墳が纒向遺跡で築造が始まり、各地に広まったのと同様に、武器もこの地で作られ、それを入手するかまねした各地の有力者が権力の誇示や祭祀に用いたのだろう」と話している。

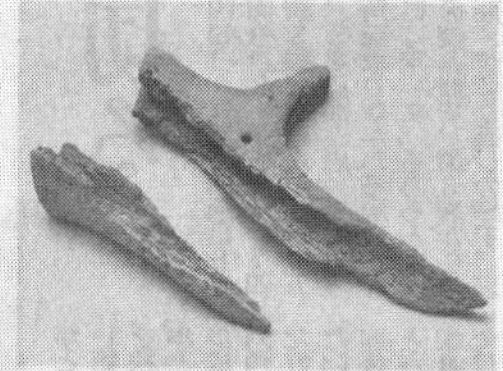

(上)纒向遺跡で出土した鹿角製の柄
(下)木製の刀剣の柄

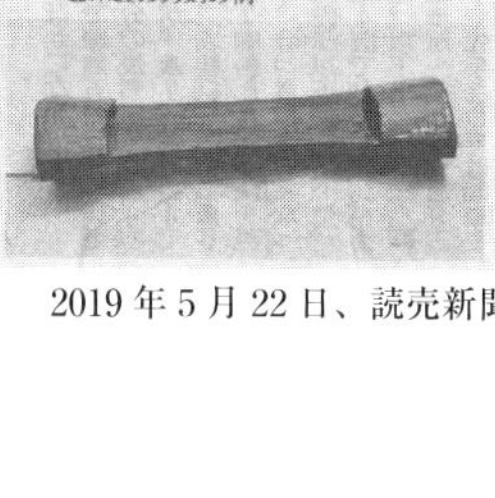

2019年5月22日、読売新聞

紀伊半島図

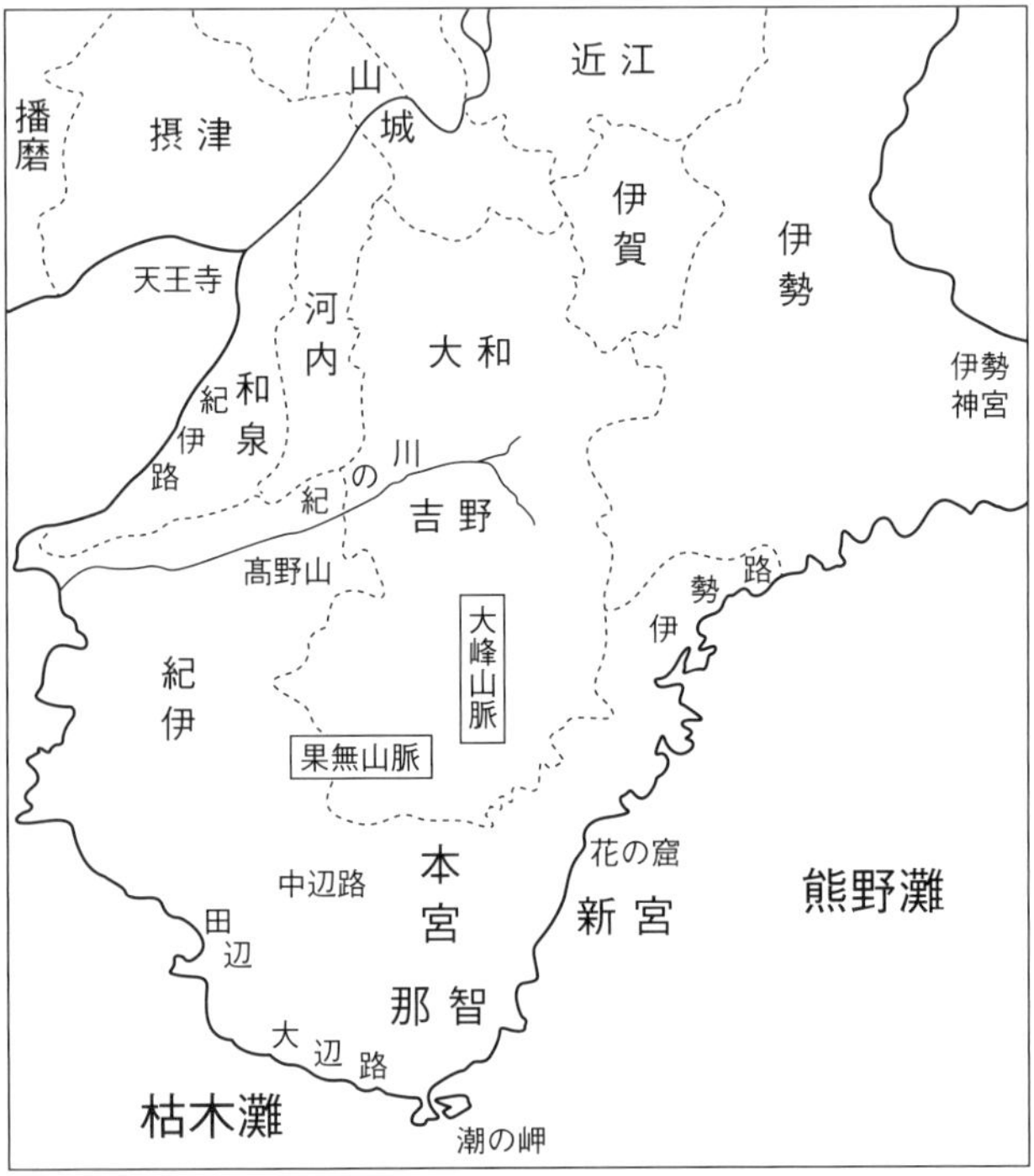

近江
山城
播磨
摂津
伊賀
伊勢
天王寺
河内
大和
和泉
紀伊路
伊勢神宮
紀の川
吉野
高野山
伊勢路
大峰山脈
紀伊
果無山脈
花の窟
本宮
中辺路
新宮
熊野灘
田辺
那智
大辺路
枯木灘
潮の岬

ランドサット衛星がとらえた中央構造線。右が紀伊半島

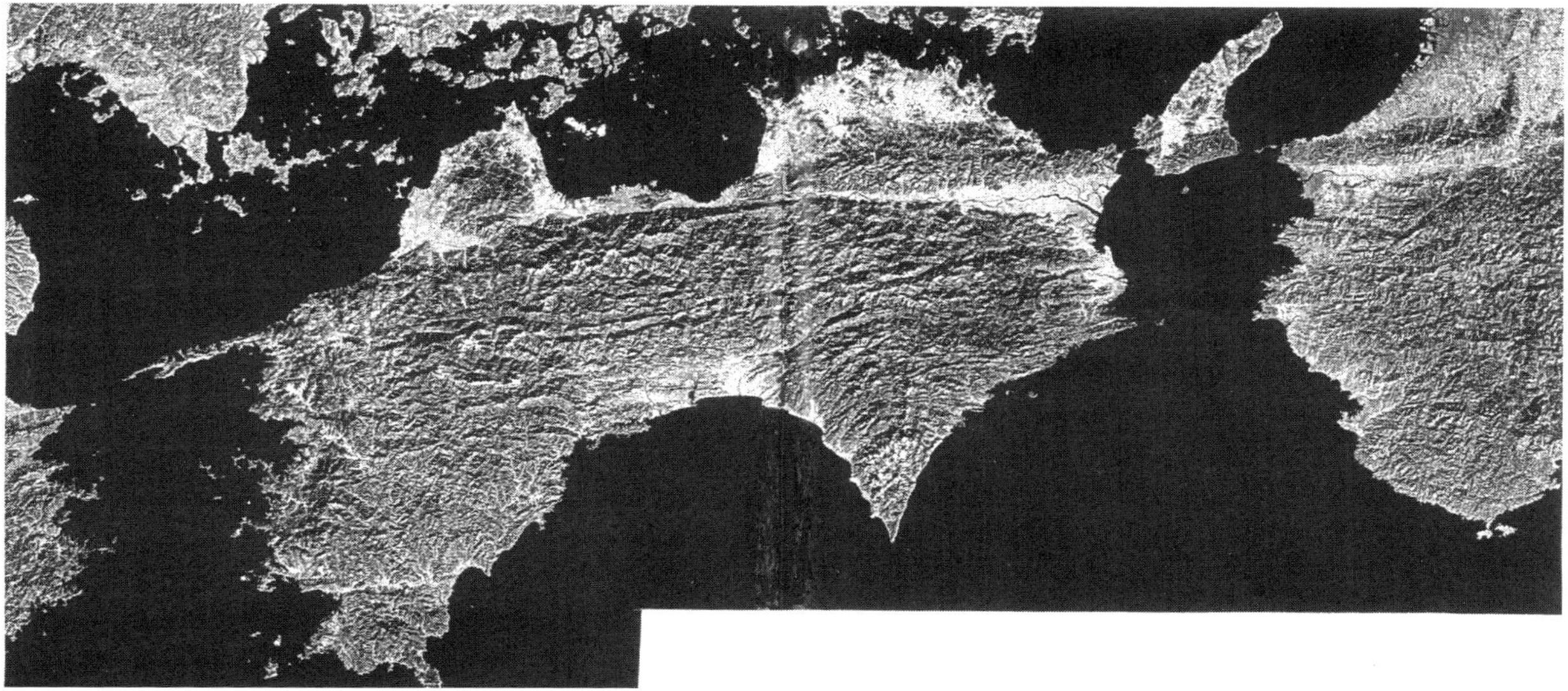

出典：日本の自然④『日本の山』大久保雅弘 他編著。平凡社、1989

紀伊半島要図

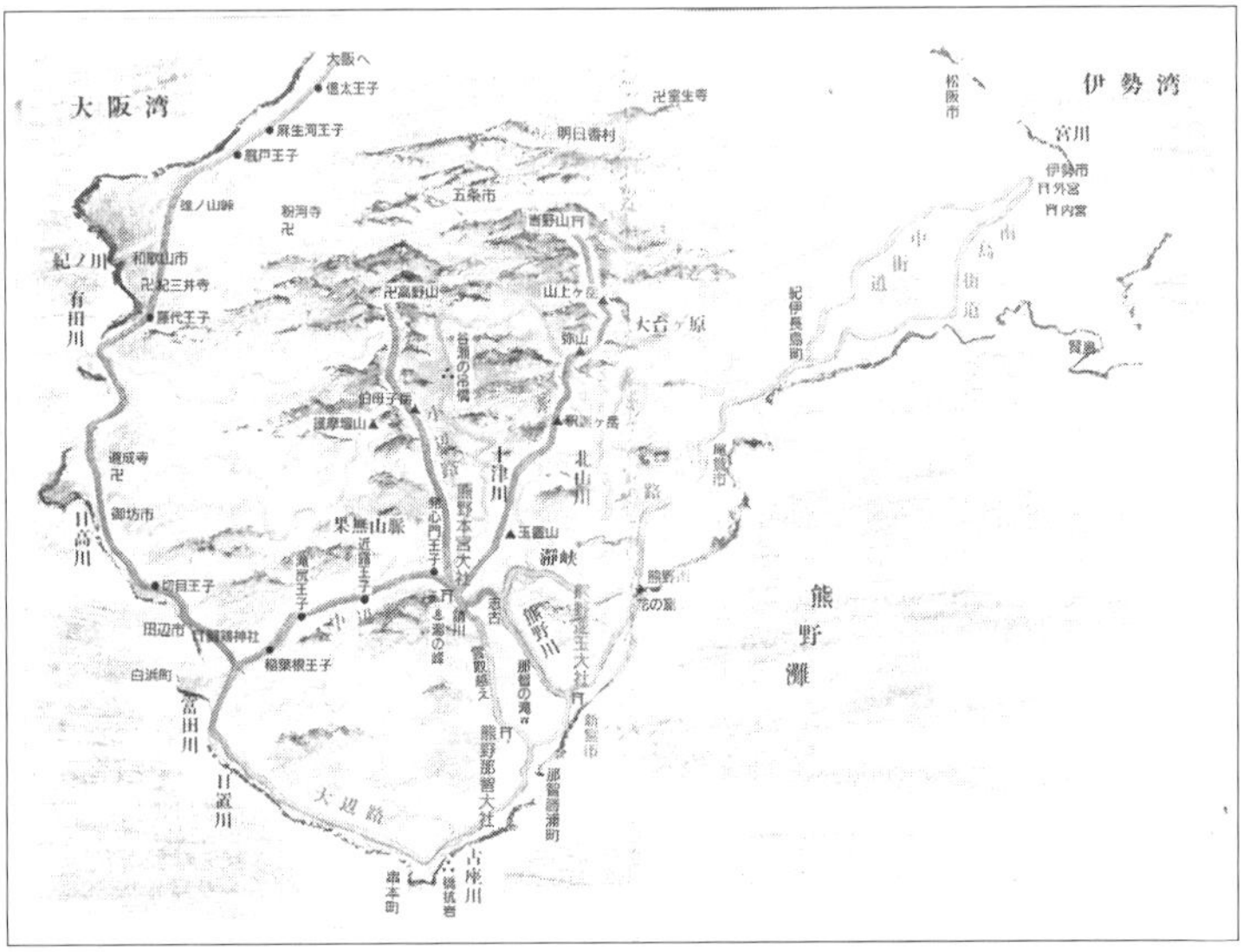

出典：神坂次郎監修『熊野古道を歩く熊野詣』

第三章　熊野では

弥生時代の熊野は、日本史上では殆ど触れられていない。しかし、日本神話時代では、熊野は重要な舞台を提供している。熊野の地勢を概観してみよう。熊野とか紀伊国と呼ばれる地方は、紀伊半島の南端部で殆ど山間部で平野は少ない。その北部は、大阪平野、奈良盆地と接し、紀の川の南側は山岳地帯で、熊野川（十津川）が半島を南北に縦断し、大峯山脈、果無山地、大台原を抱き、紀伊半島南西海岸は山が海に迫り、紀伊水道は特に枯木灘と呼ばれている。半島南端部潮の岬から新宮・尾鷲にかけては黒潮洗う熊野灘に接している。半島南東部は伊勢国に接続し、伊勢神宮を中心とする志摩地方が占めている。

このような山岳地帯の二〜三〇〇〇年前の熊野を代表する文化遺産としては、伊勢神宮、熊野本宮大社、熊野速玉大社といった神社と、仏教伝来以後の那智本宮大社・青岸渡寺、高野山がある程度である。まさに信仰の聖地であるといって差し支えない。

今から二千数百年前、日本皇紀では約二七〇〇年前、日本神話の伝えるイワレヒコ（後の神武天皇）が九州南部の油津から東遷のため船出する。瀬戸内海を経て近畿地方に上陸しようとした。当地には、既にニギハヤヒ一族が進出して居り、その部族のナガスネヒコと対戦し、イワレヒコは、兄のイッセを戦傷死で失い敗退した。この交戦は、アマテラスの子孫の後の大和朝廷派とアマテラスの弟のスサノオの子孫でニギハヤヒらの大和王朝派の主導権争いであった。イワレヒコ軍は一旦海上に退き、日神アマテラスに向って弓矢を使ったのは良くなかったとして南進した。紀伊水道を経て紀伊半島潮の岬より黒潮にのり狭野《さの》（新宮市佐野）に至り、再び上陸した。何カ所かの伝承があるが、神倉山のゴトビキ岩に登ったと「日本書紀・古事記」は伝える。イワレヒコ軍は、ここで大熊の抵抗を受け寝入ってしまった。天上でこの様子を見ていた神々は、救援軍を送ろうと相談したが、タカギの神が、素晴らしい武器が出来たから、

天孫族神系図

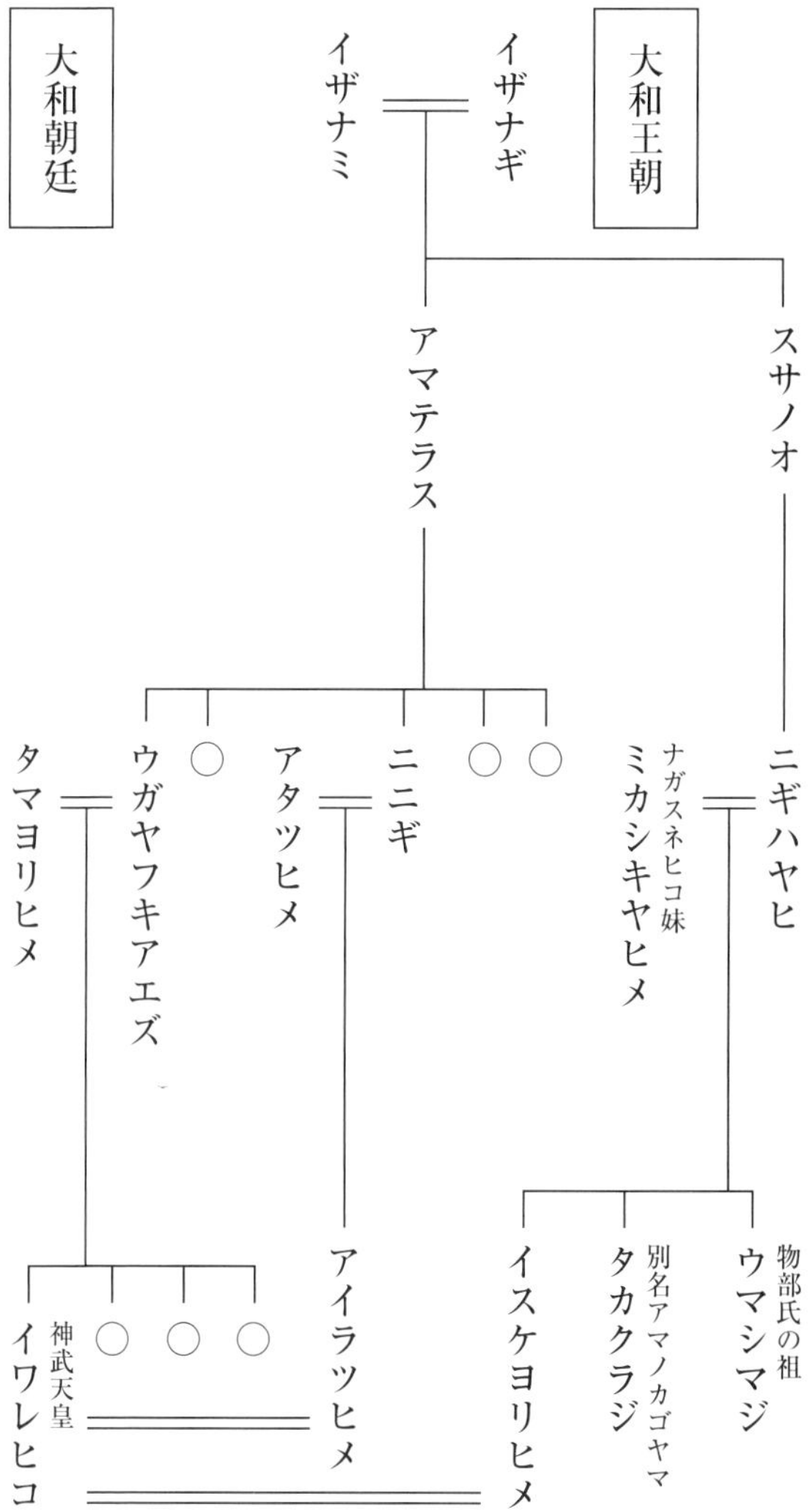
大和王朝
大和朝廷
イザナギ
イザナミ
スサノオ
アマテラス
ニギハヤヒ
ナガスネヒコ妹
ミカシキヤヒメ
○
○
ニニギ
アタツヒメ
○
ウガヤフキアエズ
タマヨリヒメ
物部氏の祖
ウマシマジ
別名アマノカゴヤマ
タカクラジ
イスケヨリヒメ
アイラツヒメ
○
○
○
神武天皇
イワレヒコ

これで行きましょうと提案して実行に移った。タカギは、地上にいた高倉下《タカクラジ》の倉庫の屋根に穴をあけて神剣アメノムラクモを投げ入れ、その旨をタカクラジの夢の中で知らせた。翌朝、タカクラジは倉庫に行って神剣を発見し、それを眠れるイワレヒコに捧げた。一軍は覚醒して、大熊を退治し、八咫烏《ヤタカラス》の導きで土族の抵抗を排しながら北上し、再びナガスネヒコと戦い、これに勝利して大和橿原に入って、初代神武天皇となった。この年を皇紀元年とし、日本の朝廷の出発点となった。タカクラジの異母妹は神武天皇の后となり、大和朝廷と大和王朝の一本化は成り、タカクラジは越後国へ派遣され、アメノカゴヤマの名で越後一の宮弥彦神社に祀られた(「神剣奉納図」章末収載)(「弥彦神社由緒板」章末収載)。

アマテラスは、歴代天皇によって皇居内で祀られていたが、第十代崇神天皇のとき、皇女トヨスキイリ姫に託して大和国笠縫邑に祀らせた。第十一代垂仁天皇のとき、ヤマト姫は天皇の指示に従って適地を物色、伊勢五十鈴川の川上に宮を建てて伊勢神宮の創建となった。この神宮創建時代がいつなのかは明らかではない。二〇年毎の遷宮の歴史は六十二回を数え、七世紀末（六九〇年）に起源があるとされている。

紀州には、熊野三山と呼ばれる熊野信仰の中心となる熊野本宮大社、熊野速玉大社、熊野那智大社が鎮座している。この三社のうち本宮大社と速玉大社については、

「天平神護二年、熊野牟須美神、早玉神に神封四戸賜る」

と記録があるが、本宮大社は平成三十年に鎮座二〇五〇年を記念した行事を行なっている。熊野本宮は、明治以前は「熊野坐《にます》神社」と称し、大峯山系を修行の地としていた修験道の山伏が早くから出入して居り、崇神天皇六十五年（第十代、三世紀頃）に社殿が造営されたとされている。明治二十二年の大洪水で社殿の半分が流失し、残った社殿を現鎮座地に移設したが、それも百年を過ぎ国宝に指定されている。旧鎮座地は、熊野川と音無川、岩田川の合流する中洲

にあって、大斎原《おおゆのはら》と呼ばれている。

熊野川河口西岸に鎮座する熊野速玉大社は第十二代景行天皇五十八年（西暦一二八）の創建と伝えられ、イワレヒコ（後の神武天皇）上陸の地とされている。旧摂社の神倉山のゴトビキ岩からは銅鐸の破片や経筒も出土して古くからの信仰の地であったことが知れる（「神倉山とゴトビキ岩」章末収載）。

また、熊野川河口には阿須賀神社があり、蓬莱山からは弥生時代の住居跡も出土し、さらに不老不死の霊薬を求めに秦から来日した徐福の上陸地ともされている。秦の始皇帝の時代で、約二二〇〇年前のことである。

那智大社は、那智滝を御神体とする飛瀧神社が前身で、仁徳天皇五年（三一七）に現鎮座地に社殿を造営している。

紀伊半島北部には、弘法大師を遠祖とする高野山があり、金剛峯寺の創建は八七六年といわれている。

このように、紀伊半島には多くの社寺が早くから存在し、聖地・西方浄土のように扱われてきた。

五世紀に入ると応神天皇陵や仁徳陵といったピラミッドと対比するような巨大古墳も造営され政治的にも中心地として歴史上にクローズアップされてくる。

六世紀末になると、史実も多く残るようになる。五三八年（一説には五五二年）、百済の聖王は、仏像と経論を献上して来た。即ち、仏教の伝来である。この頃、天皇は大和国飛鳥で藤原京を営み、蘇我氏が実権を握っていた。一方、在来の物部氏は神道を奉じ、蘇我氏が仏教の布教をしようとするのと対立していた。五八七年には、蘇我氏は物部守屋を滅し、実権掌握に成功した。五九三年には聖徳太子が摂政になった。中大兄皇子を中心とする朝廷派は、蘇我氏の暴挙に対立して、クーデターを起し、蘇我氏は滅亡、大化改新となった。この事件の時に、蘇我氏が収蔵していた天皇紀や国記は焼失し、この時期以前の日本の歴史の大部分が失われてしまった。七一二年には『古事記』が稗田阿礼《ヒエダノアレ》の誦述を太安万呂《オオノヤスマロ》によってまとめられた。六九四年に藤原京を都とした後、七一〇年に平城京（奈良）、七九四年に平安京（京都）へと遷都が行なわれ、政治の中心は、紀伊半島から見ると北上していった。

仏教を支持した蘇我氏は滅亡したものの、仏教は聖徳太子らの熱意で全国へと宣布されていった。奈良と紀伊山地の中間に位置する山地で八一六年に弘法大師が朝廷の許可を得て高野山に金剛峯寺を創建した。

八五〇年頃より藤原氏が抬頭、二百年間に亘っての摂関政治から西暦一〇一七年に藤原道長が太政大臣就任頃をピークに栄華の極みを過した。九〇七年、宇多上皇がはじめて熊野御幸を行なった。九八六年には、花山天皇が出家し、数年後に那智滝に千日間参籠したのは有名である。

永承七年（一〇五二）は、仏滅後二〇〇〇年の末法《マッホウ》の年の初年といわれ、末法に入ると仏教が衰えるとの予言思想が流布し、貴顕はさまざまな布施事業に励んだ。歴代上皇は熊野詣を続けた。天皇位を早くに譲位、出家してから熊野御幸へと赴いた。院政は、そのための手段で、実権は上（法）皇が握っていた。特に、白河上皇一二回、鳥羽上皇二三回、後白河上皇三四回、後鳥羽上皇二九回が群を抜く。弘安四年（一二八一）の亀山上皇で御幸は終った。ここに主要人物による参詣回数を示した。回数は文献により多少の差異がある（「主要人物の熊野詣記録」章末収載）。

熊野三山には、奉仕する社僧や神官を掌る地位として熊野別当の制があった。長保二年（一〇〇〇）の『権記』に別当増皇の名が初見され、保元、平治の乱、源平の合戦に多くの絡みを見せ、南北朝動乱の頃に消滅した。

保安四年（一一二三）、別当長快が死ぬと新宮にいた次男長範が別当職を継ぎ、田辺近くの岩田に本拠を設け、新宮は子の行範に支配させた。長範の没後、康治元年（一一四二）、長兼が別当になり、弟の湛快を権別当とした。湛快は、田辺の闘鶏神社に熊野神を勧請し、『平家物語』にある紅白の鶏十羽による闘鶏により源平のいづれに組するかを決した。このことは、時の別当が、源氏にも平家にも恩義を負っていたからの事情を如実に示している。この闘鶏の結果、湛快、湛増の父子は源氏支持に決し、屋島の戦いに出陣する。配下には武蔵坊弁慶もいた。行範は湛快の後の別当に着く。行範は源為義の娘鳥居禅尼と結婚、為義の子源行家（新宮十郎行家）の勧めもあり、新宮、那智の衆徒は源氏方に組した。一方、平治の乱で平清盛を助けて以来、平家方に属していた田辺別当家の湛増は、新宮を攻めて敗退した。こうして湛増は源義経の勧めもあって源氏方についた。このように熊野史を見る時、別当を中心に源氏、平家とともに重要な関係のあったことは重要である。

このように、紀伊半島における熊野三党と呼ばれていた榎本、宇井、鈴木氏の挙動にも大きな影響があった。榎本氏は、早い時期に紀州に於ける勢力を失っていたが、宇井氏は新宮を中心に熊野別当との関係も強化し、無視できない存在であったが、平氏との連帯も切れないものがあった。鈴木氏は新宮より藤白に勢力の中心を移し、熊野神の布教に大きな権力を発揮した。熊野別当とは田辺に本拠を置いた一派と昵懇であった。別当湛増は、こうした熊野三党の掌握に腐心し、遂に紅と白のリボンを付けた鶏を闘わせて、源平いずれに参戦するかの決を委ねたのである。決は源氏側につくことになった。こうして熊野別当一派は屋島の合戦に向けて出陣したが、配下の宇井、鈴木一族は必ずしも同調できないものがあったらしい。宇井氏の多くは平氏側を支援し、結果は敗走する破目となった。今日、紀伊半島、四国祖母谷《いやだに》などの僻地に宇井の地名が残るが、これは、平家の落人となり、世間の眼から逃れたものと察する。

だいぶ脱線したが、再び熊野御幸の時代に戻りたい。十世紀になって、朝廷は院政の時代となり、出家した上皇が熊野詣を始めるようになった。

一〇五二年に末法の世になると伝えられ、厭世気分に溢れ、大金を投じて寺院を建設すれば来世の安寧を祈れるという行動が流行した。また、西方に浄土があると信じられ、那智からは補陀落渡海といって西方を目指して決死の舟出をするようなことも行なわれた。こうして、京から紀伊にもあると信じられた西方浄土を目指しての歩行旅行も企てられた。熊野三山を詣でて、難行苦行を重ねれば蘇り（甦り・黄泉返り）できるという再生を信じての事で盛行していった。記録では、貴顕人のみではなく、飢えた人、乳飲子を抱えた盲女、東北から来た修行僧なども含まれていた。御幸の中には、一〇〇〇人近い人馬を従え、一日の粮料十六石〜四十九石に及んだ往復二十六日の大キャラバンが陸路、熊野詣をしたのである。熊野御幸を詠んだ今様が『梁塵秘抄』の中で後白河上皇の手で残されている。

第二五六歌
熊野へ参るには　紀路と伊勢路のどれ近しどれ遠し　広大慈悲の道なれば
紀路も伊勢路も遠からじ

第二五八歌
熊野へ参らむと思へども　徒歩より参れば道遠し　すぐれて山峻し　馬にて

参れば　苦行ならず　空より参らむ　羽賜べ若王子

このように、貴顕、貧富を問わず、難行苦行を経験することで、来世の楽天地を希求し蘇りを願わんとしようとした。そして、やがて仏教界での思想転換の途も拓きはじめた。

修行や喜捨を重視していた仏教界からは、念仏重視の思想が広まって来た。修行僧一遍は、念仏を唱え、踊りながら各地を巡り、布教をしていた。文永十一年（一二七四）、一遍は、熊野本宮に参籠し、白髪の老人に紛した熊野神から神示を受けた。即ち、「南無阿弥陀佛と唱えるだけで誰でも往生できるのであるから、相手を選ばず札を配り念仏を勧めるがよい」という託宣が下された。一遍はやがて、「時宗」として発展した。

熊野詣を続けていた和泉式部は、中辺路を歩き、本宮鎮座地の大斎原を遠望できる伏拝王子に到達した時、月の障りとなり、本宮参拝が叶わぬと嘆いて次の一首を詠んだ。

晴れやらぬ身のうき雲のたなびきて　月のさわりとなるぞかなしき

ところが、その夜の式部の夢に熊野神が現れて、神は次の一首を詠んだ。

もろともに塵にまじはる神なれば　月のさわりもなにかくるしき

長寛元年（一一六三）に発せられた「長寛勘文」（「長寛勘文」章末収載）は、甲斐八代荘で熊野領民に対し国衙の行なった暴挙を裁いたものだった。伊勢神宮と熊野神社が同格か否かを論じている。この中で明法博士の中原業倫は、熊野神社と伊勢神宮は同体の大社であり、国衙の行なった熊野神社側への暴挙は、伊勢神宮側（朝廷側）に対する暴挙に等しいから、国守の藤原忠重らは絞刑に該当するとの重罪の判定を下した。これに対して太政大臣の藤原伊通《これみち》らは、本地垂迹説による熊野権現側の所業は雑色に満ちて、伊勢神宮と同格に判断する訳にはいかないと「非同体説」を勘申（回答）して、諸事に拘泥しない熊野信仰の自由さを指摘している。

もう少し熊野神の懐の深さを示す例を示してみたい。

宮城県に「名取老女伝説」がある。鳥羽院の時代、熊野神を信心し、若い時は年々参詣していたが、老いて参ることが叶わなくなった。ある日、一人の山伏が夢に柳の葉を老女に届けよと託された。老女はこれを受取り、柳葉の虫喰の跡を見ると一首の歌が詠めた。

道遠し　年もいつしか老にけり　おもいおこせよ　我もわすれし

感激した老女は、老いて参詣が叶わなくなって悲しんでいたので、小社を建てて熊野権現を拝み続けた。この徳が世に知れ、保安年中、名取郡熊野堂村、吉田村に熊野三社を建て、老躰の日詣を続けたと伝えられている。

神剣奉納図。高倉下命、霊剣をイワレヒコに献上

弥彦神社蔵

弥彦神社由緒板

神倉山とゴトビキ岩

主要人物の熊野詣記録

	人　　名	回　数	年　　代
上皇	宇多上皇	1	延喜7（907）
	花山上皇	1	正暦2（991）
	白河上皇	7	寛治4～大治3（1090～1128）
	鳥羽上皇	16	天治2～仁平3（1125～1153）
	崇徳上皇	1	康治2（1143）
	後白河上皇	34	永暦元～建久2（1160～1191）
	後鳥羽上皇	23	建久9～承久3（1199～1221）
	土御門上皇	?	
	後嵯峨上皇	3	建長2～7（1250～1255）
	亀山上皇	1	弘安4（1281）
女院	待賢門院	13	鳥羽天皇中宮
	美福門院	4	鳥羽天皇女御
	修明門院	10～11	後鳥羽天皇後宮
	七条院	5	高倉天皇後宮
	建春門院	3	後白河天皇女御
	八条院	3	二条天皇准母
	殷富門院	1	安徳天皇・後鳥羽天皇准母
	承明門院	1	後鳥羽天皇後宮
	陰明門院	1	土御門天皇中宮
	大宮院	1	後嵯峨天皇中宮
	東二条院	1	後深草天皇中宮
	玄輝門院	1	後深草天皇後宮
貴族	藤原資実	25	
	藤原頼資	22	
	藤原宗行	22	
	藤原長房	21	
	藤原成重	16	

出典：図説『和歌山の歴史』河出書房新社、神坂次郎『熊野御幸』新潮社より合成

長寛勘文

長寛勘文
勘申
甲斐守藤原朝臣忠重并目代右馬允中原清
弘在廳官人三枝守政等罪名事
右左大史小槻宿祢永業偁仰右少弁藤原朝臣
長方傳宣權大納言藤原朝臣公通宣奉勅熊野
所司等訴申甲斐守藤原朝臣忠重仰目代右馬
允中原清弘在廳官人三枝守政等恣停廢當山
鎮守八代庄抜牓示奪取年貢追捕在家搦取
神人或禁其身割其口事宜仰明法博士勘申忠
重清弘并守政所當罪状者副下調度文書者三
月四日使廳問注記之問清弘云熊野所司等去
年十二月奏状云當山八代庄任鳥羽院廳御下
文永可停止國郡妨之由被下　宣旨并又云々文
安年中大宰師藤原卿定使國之時殊有由緒傳
得驗為充本宮十一月八講用途早經奏聞所被
寄入也随即　鳥羽仙院廳差遣御使境四至牓
示永為當領不可有籠窂之由被成廳御下文畢
云々而國司忠重仰目代清弘在廳守政等去十月
六日引率軍兵濫亡一庄之就中仙院御時被停
廢諸國新立庄薗之刻帶白河鳥羽兩院廳御下
文者宜進證文可待天裁之由所被下　宣旨也
云々者清弘申云々者三月十日覆問申詞記云々清弘
申云件庄停廢事清弘兼目代罷下之時寛德前
立庄可停廢之由　宣旨候并申國司云此　宣
旨　常事候一定可停廢庄々注進可令蒙重御
定給云々由　申國司候畢其後罷下候　自國

第四章　熊野三党系図

宇井氏のルーツを探している折に、熊野三山に何かヒントがあるらしいと考えて訪れる機会を作った。神倉神社に立ち寄って由緒板を見て驚いた。「御祭神高倉下命は建国の功臣、熊野三党（宇井、鈴木、榎本）の祖云々」と明記されていた。その足で熊野速玉大社を訪れ、来意を告げたところ宮司の上野元《はじめ》氏が会って下さり、同社の宮司は歴代宇井氏が世襲し、大正期になって社制の変更に伴って資格が必要になり、上野氏が宮司を奉仕するようになったと教えて下さった。また、峰尾平氏と同道して新宮市立図書館を訪れたところ、当時の草加館長から「熊野山新宮社家総系図巻」（巻頭収載）という幅三〇センチ、長さ二一〇センチの大巻の電子コピーを見せて頂いた。その冒頭は天神七代、地神五代に続いて大祖高倉下－千代貞－雅顕－宇井基成、以下九十八代が続いていた。この系図の特徴は三段書きで、宇井氏が上段、中段に鈴木氏八十九代、下段に榎本氏九十四代の名が列記されていた。三兄弟が熊野三党の祖であることを明示しているものだった。この巻物系図が何時の完成なのか明らかでなかったが、享和二年（一八〇二）、時の早玉神社神主宇井大監清包が書いた「熊野三党系譜」と酷似していた。これには、昭和五十四年の年賀状と思われる手紙のコピーも添付資料もあった。さらに、新宮図書館には「榎本系図」という資料もあった。これには、第八十三代（延元二年、一三三七）以下、第百四代まで名が記されていた。前出の「熊野山新宮社家総系図巻」の榎本氏第九十四代忠儀については、手紙には「天和四年（一六八四）」と書かれているので「総系図巻」は十七世紀までの記述である事が確認できた。

　このような新宮に伝わる系図では大祖タカクラジの子孫として千代貞とか雅顕の子として「基成、基行、真俊」の三兄弟の名を記し、夫々「宇井、鈴木、榎本」の三氏の開祖とし、熊野三党とか熊野三苗と総称されていることが明らかになった。異説では、三兄弟はタカクラジに貢物を捧げたとし、子孫とは言っていない。

この「新宮社家総系図巻」に採録されている三氏計二百七十一代の命名法に一つの特徴を見ることができる。宇井氏では「包」と「基」の字が多用され、鈴木氏では「基」と「行」、榎本氏では「真」と「忠」が多用されている。

ここに掲載した（「系図に見る用事法」章末収載）は、後述する千葉県松沢熊野神社（現・旭市清和乙）の幕末期神主の名に「包」の字が多用されていることを表わしている表で、ここから新宮との関係が見てとれる。

さて、熊野三党がタカクラジを大祖としているとの系図をここに示したが、それに付随したいくつかの別系図や伝承がある。それらを見てみよう。

熊野三党系図

ニギハヤヒ……………タカクラジ（初代・熊野国造）……………穂積氏 ― 宇井／鈴木／榎本

『宇井一族』（日本家系家紋研究所編、一九八一年）によると、第五代孝昭天皇五十三年、化人あり。

岩基隈の北、新の御山に於いて十二所権現を崇め奉る。これを新宮（にいのみや）と号す。重跡の初め、権現、龍蹄に乗じて千尾の峯に降臨す。奉幣の司、氏人を召さる。ときに漢司符将軍（唐より日本に遣わさる、新宮にて牟婁大神という）の嫡子真俊、進み出て、権現を新宮鶴原明神の前、十二本の榎木の本に勧請した。これにより榎本の氏を賜わった。二男基成は、猪子と丸餅を献じ、これにより丸子の氏を賜わった。三男基行は、御秣として稲束を献じ、これに因んで穂積の氏を賜わった。

とある。

基成が宇井姓を名乗ったのがいつであったかは不詳である。真俊、基行もまた然りである。

熊野那智大社の「熊野権現氏人系図」では次のような系図を示している。

熊野権現氏人系図

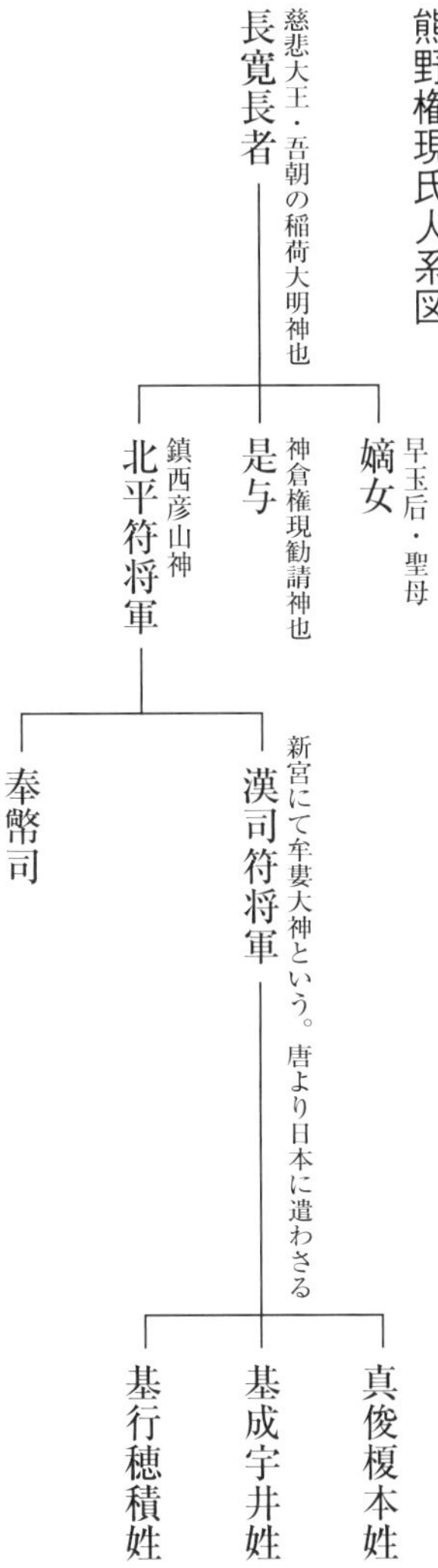

何とも奇妙な系図である。熊野三党の祖は漢司符将軍の子とされている。傍注に唐より派遣されたとある。渡来民族の一人と見なされる。漢を何と読むか。常識的には「カン」であろうか。『新撰姓氏録』には、漢《あや》氏を中国漢朝の王の子孫であると見える。『日本書紀』雄略紀によると、雄略紀七年（四六三）に

新羅や百済から渡来した帰化集団を難波から大和に移住して東漢《やまとのあや》に所属させたとある。こうしたことから「漢」を「アヤ」との読みを当てることも可能になる。すると、唐からの派遣なのか、朝鮮半島からの渡来人なのか判らなくなる（金廷鶴著『百済と倭国』六興出版刊、一九八一年、参考）。

熊野に造詣の深い作家神坂次郎氏は、「歴史発掘・古熊野をゆく」（日経新聞・ウイークエンド版、一九九二年秋連載）に次のように記している。

人皇第五代の孝昭天皇のころ、那智の浜辺に漂着した七人の天竺（インド）の僧があった。六人は帰ったが、一人は那智の滝に籠って修行し、人々から裸行上人と呼ばれた。那智の滝に七二〇年籠ったのち、滝壷から長さ八寸の黄金仏如意輪観音をつかみ出し、再び浜辺から船出をしていった。海の彼方にある理想郷ポタラカに行ったという。現在も、インドには戒律の厳しさで有名なジャイナ教の中でも最も厳しい一派で無所有、無一物、全裸に近い姿で、水壷だけを手に持って修行している行者がいる。那智へ来たのも、この僧の一人ではなかったろうか。

『宇井氏一族』では、次のように書き継いでいる。

『中興武家諸系図』『姓氏原始録』などには、「穂積姓、宇井氏（或いは鵜井氏）本国伊勢、熊野、家紋稲穂丸」とあり、穂積姓とする説は多く行われているが、実は丸子連であり、穂積姓鈴木氏の名が有名となり、同じ家紋を用いたために同族と誤認されるに至ったのであろう。丸子連は大伴氏の分れである。熊野にありて宇井氏となり、後に下総に移るとの古伝あり。また熊野別当の社家の内に近世にも宇井氏少なからず、数家に分れて相継ぎしものと思われる。

熊野別当を世襲し、藤原氏の一族にも宇井氏を号する流れあり。鎌倉時代迄の系脈を伝えたり。諸国の宇井氏は熊野権現又はその神宮寺の神官、社僧たりし家に多く……。

裸の修行僧裸行上人は、現在熊野那智大社と隣接する西国三十三カ所一番札所青岸渡寺の開基とされ、篤く尊崇されている。『熊野三山略記』巻第二「新宮」条では、孝昭天皇五十三年、裸行上人が岩基隈《もとこし》の北新山に三所権現を奉崇した。これが新宮の始まりである、と裸形上人が登場してくる。そして、『宇井一族』と同じ系図を示し、大約次のように書いている。

孝昭五十三年、裸行上人は岩基隈の北の新山に十二所権現、或本では三所権現を奉崇した。垂迹の始め権現は龍蹄に乗り、新宮鶴原大明神の前の十二本の榎の本に降臨された。先づ千尾峯に立って権現は奉幣司、氏人を召された。氏人は天竺におられた有官人千与定、その嫡子雅顕長者、次男裸行上人、三男長寛長者、その子比平符将軍、その子漢司符とその弟の奉幣司である。漢司符の三人の子も供物を捧げた。

さらに、紀州では、熊野本宮大社にまつわる猟師伝承も伝えられている。その後段では天竺から飛来した権現が降臨するというストーリーで共通し、『神道集』や『熊野権現垂迹縁起』などに記されていて、仏教系の伝承となっている。

犬飼の千世定はある日、大猪を射た。手負いの猪は森に逃げ込み、猟師はこれを追った。遂に猪は大斎原《おおゆのはら》で死んだ。追い着いた千世定は、イチイの大木の下に到り、上を見上げると三枚の月が枝に懸っていた。千世定は、「汝は誰か」と問うと、月は「我は証誠殿、他は両所権現」であると答えた。千世定は、イチイの根本に月を勧請して小祠を祀った。

一方、仏教系説話では、「五衰殿物語」で代表されるもので、次のようなものである。

天竺の善財王は千人の后を持っていたが、世継ぎに恵まれなかった。千人目の后はみすぼらしく汚い女性で五衰の相が見られた。しかし、その五衰殿が懐妊した。九百九十九人の女御は妬み、悪計を図った。その結果死罪となり、兵士に伴われ山中に入った。五衰殿の切なる願いで何とか男児を出産した後で首を切られた。首は皮一枚でつながり、三年間は授乳できて死んだ。男児はその後、山中の虎や熊や狼などの動物によって育てられた。ある時、喜見上人は経文にあいた紙魚《しみ》の穴を解読することで、このことを知り、山中に分け入り、男児を救出し、事の顚末を王に報告した。王は真実を知り、世のはかなさを嘆き、天竺を脱出することになり飛車に乗り、弓矢を投げながら東に向い、彦山、石槌山なども経て千穂峯に降臨した。九百九十九人の女御も後を追ったが社域に入ることを許されず、赤虫にさせられてしまった（「善財王、天竺を脱出する」章末収載）。

ここで飛車に乗って飛来したのは三人とされているが、物語によっては、善財王、男児、喜見上人であったり、五衰殿の女御が入っていたり、必ずしも同一ではない。

この物語を引用したのは、前出の「熊野山新宮社家総系図巻」では、大祖高倉下命の次代に「千代貞」とか「千代定」の名があり、その次に真俊、基成、基行の三兄弟の名が出てくる。即ち、犬飼の千代定とは、犬を連れた猟師で熊野三党の先祖であるとの伝承になるのである。「千代定」を「チヨサダ」と読むか、「センノヨジョウ」と読むかも定かでない。神坂次郎は、後者の読みを採っている。「千與定」「千翁命」との書き方も見えるので統一的な読みはできない。

系図に見る用字法

氏	開祖名	記載代	用いられた字					
			基	行	包	真	俊	忠
宇井	基成	九八	33	0	46	1	5	4
鈴木	基行	八九	47	14	0	1	2	1
榎本	真俊	九四	0	14	0	42	7	33

善財王、天竺を脱出する

第五章　史書に見る宇井氏

宇井姓は全国的にも決して多数ではない。したがって、文献的にも豊富ではない。

しかし、中世に於いて特に紀伊半島に於いては、熊野別当、熊野三山の中でも本宮および速玉大社の社家として、大塔宮護良親王、平清盛、源義朝、義経の周辺に於て熊野三党の一派としてかなりの重要度をもって登場している（「熊野速玉大社」章末収載）（「熊野本宮大社由緒板と著者」章末収載）。

平安時代には、新宮周辺で活躍していた鈴木氏は藤白（代）（現・和歌山県海南市）を拠点とし、熊野神社の先達として信仰の伝播及び在地信者の参詣案内などで力を発揮した。「熊野神社ある所に鈴木氏あり」という言葉すらある。このことは、現代でも通用する。筆者も、全国の熊野神社を歴訪した経験があるが、その多くで、社前の鳥居に「宮司鈴木○○建之」と刻されたのを見ている。現在、二〇〇万余の鈴木姓の方がいるが、それに比例して、鈴木氏は早くから優勢な姓であったので、鈴木氏の文献は豊富である。その中のいくつかには、鈴木氏と共に宇井氏の名が見られ、榎本氏の名も出てくる。ここでは、熊野三党の一員として鈴木氏の流布と同一と見て差支えないものと考える。筆者の父の郷里千葉県府馬の隣村にある千葉県旭市松沢熊野神社の周辺では、この三姓を揃って見ることができる。

『熊野年代記』嵯峨天皇弘仁元年（八一〇）の条に「三月宇井、鈴木、榎本熊野悪鬼多討」とあるのが、最古の文献であろう。小野芳彦著『小野翁遺稿・熊野史』は、

熊野国造廃せられて、熊野別当補任あるに至るまで相当長い期間、熊野の地わけても奥熊野は一円この三党に支配せられたものの様である。

と記している。

『源平盛衰記』「剣巻」は、『平家物語』百二十句本では巻十一にとり込まれているが、源義家の孫の六条判官為義の項で、

ここにうい党、すずき党と申すは、権現摩伽陀国より我が朝へ飛渡り給ひし時、左右の翅となりて渡りたりし者なり。これに依て熊野をば我がままに管領して、又人なくぞ振舞ひける。

とある。

『平家物語』巻四、第三十三句、「高倉の宮謀叛」の条には以下のように見える。

そのころ、熊野の別当湛増は平家に心ざし深かりけるが、なにとしてか漏

れ聞こえたりけん。「新宮の十郎義盛こそ、高倉の宮の令旨賜はって、美濃、尾張の源氏ども触れもよほし、すでに謀叛おこすならば、那智、新宮の者どもは源氏の方人をぞせんずらん。湛増は、平家の御恩天山とかうむりたれば、いかで背きたてまつるべき。那智、新宮の者ども矢一つ射かけて、平家へ仔細を申さん」とて、ひた兜一千人、新宮の湊へ発向す。新宮には、鳥居の法眼、鶴原の法眼、侍には宇井、鈴木、水屋、亀甲。那智に執行法眼以下、都合その勢二千余人なり。鬨つくり、矢あはせして、源氏のかたには、とこそ射られ、平家のかたには、かくこそ射られて、矢叫びの声退転もなく、鏑の鳴りやむひまもなく、三日がほどこそ戦うたれ。熊野の別当湛増、家の子郎等おほく討たれ、わが身手負ひ、からき命を生きつつ、本宮へこそ逃げのぼりけれ。

このように、源平合戦の時代には熊野三党の勢力も巨大で雌雄を決する重要ポイントにおいて大きな影響力を持っていたことが判る。紀和鏡著『夢熊野』（集英社刊、二〇〇二年）などは、新宮（鈴木）十郎行家を中心とし、熊野別当、鳥居禅尼などを巡る大ドラマを展開し、宇井氏をめぐる環境を理解するのに功ある快著である。氏は故中上健次の未亡人である。

時代は下がるが、一八〇四年から十七年にかけての文化年間に、紀伊国の地誌を仁井田好古が『紀伊続風土記』として編纂した。若干を同書巻之七十九より引用してみよう。

当山（那智山）の草創を仁徳天皇の御世とす。又曰往昔裸行上人といへる高僧あり権現を此地に勧請し、其傍に庵を結びて如意輪観音を安置し、権現に奉仕す。其庵は即今の如意輪堂なりといへり。（中略）裸行上人の事古書に所見なく、履歴詳ならされども霊異記載する所の永興禅師といふ、即是なるべし。

ここに記された永興禅師は南菩薩と呼ばれ、興福寺の出身。『続日本紀』では十禅師の一人として、熊野に住み、人々に尊崇された僧で、彼こそが裸行上人ではないかと推測している。

弘仁十三年（八二二）ごろに成立したという日本最古の仏教説話集である『日本霊異記』には、次の文があると仁井田は引用している。

又曰牟妻沙弥者榎本氏也（中略）或は疑ふ。此牟妻沙弥といふは即裸形上人ならん。新宮社家伝ふる所古き系図書あり。此系図も後世の偽造と見ゆれとも、其内亦取るべき者あるに似たり。榎本氏姓氏録に出て名草郡に其人あり。此榎本は或は是と別姓になるか。或は榎本宇井鈴木の三氏は熊野の著なれとも、榎本は宇井鈴木とは出る所別なるを系図に誤りて強て一姓とするか。其首に千與定（或は千代兼又千代包に作る）を元祖として嫡子雅顕長者、二男裸形上人、三男長寛長者とあり、長寛の曽孫真俊、兼純、貞勝三人ありて、榎本、宇井、鈴木の祖とせり。是に拠れば、裸形或は榎本氏ならんか。

『熊野速玉大社古文書記録』（滝川政次郎他編、清文堂刊、一九七一年）では、『紀伊続風土記』「牟婁郡第十五新宮部下……」を次のように引用している。

上古は宇井鈴木の二氏及び榎本氏世々当宮に奉仕せしに、奈良の朝、永興禅師といふ高僧此地に来り、仏説を唱へしより後、僧徒等三山を尊ひ熊野の地の嶮路を経て執行する事起れり。遂に此事、朝廷に聞え、宇多上皇御幸ありしより、更に諸山の衆徒大に崇敬して詣せさる者なし。寛治四年白川上皇御幸の時、法印権大僧都増誉扈従し御導師を勤めし功を以て、熊野三山検校に補し、（中略）又執行の僧長快といふを別当に補し、法橋に叙して衆徒神官社僧等をして、各別当の令に従はしむ。是熊野別当の始なり。（中略）今の神職は衆徒神官社僧と三に分れ、各其職を勤む。大抵皆古時神職の後裔なり。

『平家物語』に出てくる「新宮には鳥居の法眼……侍には宇井」の鳥居法眼とは、初代熊野別当長快の孫であるとされ、次に続く。

さて剣巻に権現の御前となるは、三山何れの神前とも定め難けれど、宇井、鈴木の二氏は古くより新宮に多く、今の神官の祖も是等より分れたるよしいへは、新宮の神前にて此事ありしに疑なし、長快も新宮の地に住しならむ。

このように、『平家物語』を中心に、宇井氏についての伝承はかなり見られる。また、それ以前の伝承には権現が見え、仏教系説話から派生したものであることが判るが、近藤喜博は、『熊野』（地方史研究所編、芸林舎刊）で、熊野三山を次のようにまとめている。

現在の新宮と熊野神邑の神との連絡如何を考えるべきであろうが、熊野新宮の神との連絡はあったと思うが、もしあれば、その神は出雲系の神々ではなかったのか。しかし、いずれにしても早くより熊野連等のもちいつく神として、地方的な神威に輝いたとすべきであろう。熊野国造は成務天皇の世、饒速日命五世の孫の物部氏の大阿斗足定《ママ》（宇井注・尼か）が任ぜられるが、この大阿斗氏は阿刀連穂積氏等と同祖と伝え、この部族は熊野連として早くより熊野の神々に奉仕したのであろう。『熊野垂迹縁起』に見える千与定は熊野部にして犬飼であったが、後世の存覚の『諸神本懐集』には、彼を千世と云い阿刀を姓として、熊野国造に任ぜられた大阿斗足定《ママ》と同姓を持つことが注目される。両者は物部系の一派であることにより出自を等しくしたのであろう。

『寛文記』引用の伝に、

「有間荘司宇井鈴木以上三人、号三家、又一家宮主氏新宮弥宜是也、千代兼末孫也」

とある。

熊野速玉大社

熊野本宮大社由緒板と著者

第六章　出雲と紀州の熊野神

紀州に於る熊野三山が熊野信仰の祖地であると、これまでの記述で説明してきた。これについては否定の余地は全くない。

しかし、出雲にも早く神話の時代からの伝承が現存している。スサノオやオオクニヌシを主人公とする伝承や松江市八雲町に現存する熊野大社、神魂《かもす》神社と出雲市に鎮座する出雲大社を巡る関連行事を見ると独特の伝承が今日に伝えられていることも事実である。筆者がたまたま出雲大社を訪れた平成十四年六月、出雲大社宮司千家《せんげ》尊祀《たかとし》公が四月十八日に帰幽され、一連の告別式の詳細が社報「幽顕」に報道されているものを現地で入手できた。それを中心に事の進行を紹介してみたい。記事は五月号と六月号の二号に亘っている。

第八十三代出雲国造・出雲大社宮司・出雲大社教国造千家尊祀公には四月

十七日午后八時二十六分、八十九歳にて御帰幽遊ばされました。（以下略）
国造様が宮司を襲職なされたのは、終戦間もない昭和二十二年十月一日。同十四日には出雲国造家の伝統と道統に従って神火《しんか》相続の火継式《ひつぎしき》を厳行せられ、第八十三代出雲国造となられ、後祖神天穂日命《あめのほひのみこと》以来の祭祀の道にお仕えになられました。（中略）
昨年出雲大社遺跡から神御柱が顕現した際には、「国造の中で御柱に触れた者は、立てられた時の国造と私のみ。これだけの幸せがあるか」。（中略）御杖代彦《みつえしろひこ》（総監）様は、国造様の御容体急変に最後のおいとまの間もなく、斉館にお入りになり、十八日早朝より、国造館お火所、熊野大社、及び神魂神社にて「火継ぎ神事」をおつとめになり、御祖神天穂日命以来の霊威を御継承せられ、国造を襲職なされました。午後七時前からは宗祠御本殿にて、火継ぎ奉告祭を斉行せられました（以上、「幽顕」第一〇七四号より）。
四月十八日、御杖代彦千家尊祐《せんげたかまさ》（総監）様には、国造館お火所、熊野大社、神魂神社にて「火継式」をお仕えになり、第八十四代の「出雲国造」を御襲職なされました。

また、尊祐国造様には五月一日に御出京なされ、同二日に神社本庁に於いて、四月十八日付にて出雲大社宮司の辞令をお受けになり、その後宮内庁にて掌典職に勅祭社の宮司就任の御挨拶、御記帳をなされました。

「霊継《ひつ》ぎ」

「火継式」とは、国造様の代替わりの襲職儀礼で、歴代の国造様にて世々にお仕えされてきました。「火継式」の「火」とは、「ヒ」すなわち「霊」のことで、大国主大神様の御杖代として御祖神天穂日命の御霊威を御継承、代々の国造様に霊継ぎされ天穂日命様が生き通します。

この「火継式」において、燧臼《ひきりうす》・燧杵《ひきりきね》という国造家に伝来の神器により鑽《さん》火《か》された「神火」と、神聖な水が湧き出る真名井から汲まれた「神水」によって炊かれた御飯を、新国造様が神祖と相嘗《あいなめ》されることにより、「神慮一体」

の御霊威をお受けになる。

「お火所」

四月十七日夜半、前国造様が御帰幽せられ、御杖代彦千家尊祐様には、その直前の御危篤に最後のおいとまの間もなく、「火継式」の御潔斎のため宗祠斎館にお入りになりました。翌十八日午前九時、家伝の神器（燧臼・燧杵）が納められた錦袋を奉懐され、国造館の「お火所」にお入りになり、「火継式」の第一儀をお仕えなされました。お火所にては、御杖代彦様は、口伝の神々を招祭、黙祷、御拝礼なされ、続いて錦袋より取り出された神器により、御杖代彦様自らも鑽火された神火、及び大社の真名井から汲まれた神水によって炊かれた御飯を相嘗なされました。

「熊野大社参向儀式」

御杖代彦様は、お火所での儀をお仕えなされた後、午前十時四十分頃、国造館式台よりお出ましになられ、西中七口門《ななくちもん》から御本殿（「熊野大社本殿」

章末収載）を遙拝なされました。続いて神器を奉持した随員を従え、管長様のお見送りを受けられ神楽殿前から御車にて、古典に「出雲国造が斎き祀る神」とされ、御神縁深い八束郡八雲村に坐す熊野大社に向かわれ、第二儀をお仕えされました。

熊野大社に御到着後、午後一時四十五分より神事が開始され、御杖代彦様には、家伝の神器を奉懐され、御参進されました。そして御神前にて黙祷の後、熊野大神より拝戴された新しい燧臼・燧杵に御自ら相伝の墨書揮毫をなされた。

次いで、鑽火殿（「熊野大社鑽火殿」章末収載）に向かわれ、この燧臼・燧杵により、御自ら鑽火され、この鑽火された神火及びこの時には、松江市南郊の大庭《おおば》茶臼山麓の真名井から汲まれた神水により炊かれた御飯が神前にお供えされ、御杖代彦様は、古伝により黙祷にて祝詞を奏せられ拝礼なされました。

次には、真名井からとられた小石二個をお噛みになる「歯固めの儀」続いて「お火所」で相嘗された御飯の一部で醸造された醴酒《ひとよざけ》を頂戴なされ、次に神舞を舞われました。

その後、御杖代彦様は、同社境内社の伊邪那美《いざなみ》社と火置《ひおき》社を拝礼なされ、鑽火に用いられた燧臼・燧杵は火置社に納められた。午後三時四十分、熊野大社での儀を滞りなくお仕えされ、古代の出雲国造の故地に坐す神魂神社（「神魂神社神殿」章末収載）に向かわれました。

「神魂神社参向儀式」

午後四時二十分、神魂神社御到着。拝殿前で修祓、本殿大床及び殿内御神前で玉串拝礼。境内社の高天原《たかまのはら》社及び貴船社を拝礼の後、社務所で饗宴儀式が行なわれ、神魂神社の社人の力士による神事相撲三番を観覧され、五時二十分帰路に向われた。

「神火相続奉告祭」

午後六時二十五分、大社（「出雲大社拝殿」章末収載）の参道入口である勢留《せいだまり》に到着、斎館で潔斎の後、六時五十分、第四儀の宗祠本殿での「神火相続奉告祭」を奉仕なされて第八十四代出雲国造の襲職をされ、これを待って初めて、前国造の御帰幽・喪が発せられました（以上、第一〇七五号より）。

ずい分長い紹介をしたが、これは熊野大社と出雲大社の切っても切れない関係を示す事実として例証するためであった。

出雲こそは、日本神話の英雄スサノオの故郷であった。アマテラスの弟として天上界では暴挙を重ね、遂に地上界に追放されてしまう。アマテラスが機織り仕事をしていたところに暴れ込んだり、田の畦を壊したりしたと表現されている。こうした事実は、弥生時代とか西暦三世紀の時代背景を暗示している。

地上に天降ったスサノオは、ヤマタの大蛇退治の物語に遭遇する。次いで、スサノオは息子のイソタケルと共に日本各地を歩き、各地で樹木の種子を播いていった。これで日本は緑豊かな大八洲となった。こうして、地上におけるスサノオは善き神として『古事記』や『日本書紀』に伝えられている。

「記紀」では、熊成峯で根の国に入ったと記している。熊成峯とは、現在の島根県八束郡八雲村（旧表記のママ）の天宮山（天狗山・標高六一〇メートル）のことで、熊野大社の近くであり、毎年五月第四日曜日には「元宮祭」といって、午前九時半に熊野大社拝殿前で登山者全員がお祓いを受けて、磐座《いわくら》を目指して登山する。磐座の前では、供物を置き、祝詞を奏上して熊野神に祈りを捧げる。

一方、出雲においては、ヤマタの大蛇退治をした後、助命した稲田姫と結婚し、新居を求めて転々した地に神社が建てられただけで公文書は残されていない。即ち、須賀（我）神社、須佐神社、八重垣神社などがその例である。出雲での主人公はオオクニヌシである。七三三年成立の『出雲国風土記』には、スサノオはオオクニヌシに試練を与える神として登場するのみである。それ以前の出雲では、「熊野」「杵築」「佐太」「野城」の四大神が勢力を張っていた。

斉明天皇五年（六五九）に熊野大社は出雲国造によって創建された、出雲一の宮である。八世紀に入って、大和朝廷は律令制度を整理して、国造と国司の兼務を廃した。このため熊野大社の鎮座する意宇《おう》地方を掌握していた出雲国造（神魂神社）は、杵築（出雲）の治政権を握るために居を杵築に移した。こうして出雲国造家は杵築大社の祭祀に専念することになり、国造の制度は廃止されたが、出雲国造家は今日に到る迄「出雲国造」を名乗っている。

熊野大社は、鎌倉時代迄は「下の宮」と呼ばれていた。大社から約四〇〇メートル意宇川の上流に「上の宮」はあった。現在は、速玉、事解男《ことさかお》、伊弉冉《いざなみ》神社跡という三本の石柱が建てられていて、伊邪那美神社が合祀された後の名である。享保二年（一七一七）成立の『雲陽誌』巻三の意宇郡熊野の条を引用しよう。

熊野社〔延喜式〕〔風土記〕に熊野大社と書す。是すなはち、速玉、事解男、伊弉冉三神をあわせまつりて上の社といふ。天照大神、素盞鳴五男三女を合

せて十神をまつりて下の社とす。世人、上の社を熊野三社といふ。下の社を伊勢宮といふ。（以下略）

この一文で一七〇〇年代の熊野大社の事情が明らかになり、「上の社」がクローズアップされてくる。この社こそが、紀州に継がることは『熊野大社由緒記』の記すとおりである。即ち、古来意宇地方で実権を握っていた出雲国造は、大和朝廷の権力進展に伴い国司の派遣、出雲大社宮司専任という国譲り事件に伴い、出雲の熊野大社衰退という時代の波を免れることはできなかった。一方、熊野三山信仰は逆に全国への普及に拍車がかかったのである。

出雲の『熊野大社由緒略記』はさらに次の一文を記している。

ここで一つわからないことがある。一体紀伊国の熊野と出雲国の熊野では、どちらが先に始ったか?。紀伊国の熊野信仰が出雲国へ伝わるずっと前から熊野大社が存在していたのは事実である。熊野大社に残る伝承によると、近くの村の炭焼き職人が紀伊国へ移り住んだときに、熊野大社の神主がクマノオオカミのご分霊を持って一緒に行き、それを祭ったのが現在の紀伊本宮大社である。

紀州は、今日でも備長炭という堅い白炭の産地であり、その原料となる用材は温帯産樹木のウバメガシで県の木にもなっている。一方、出雲は、砂鉄と木炭を原料とするタタラ製鉄の古代からの中心地である。出雲の製鉄のために良質な木炭を求めて紀州へと進出した。古代出雲の鉄と紀州の木炭を結びつけた「炭の道」を発案するのは早計であろうか。

この章を終わるに当たり、紀伊熊野研究を学位論文とされた宮地直一氏の『熊野三山の史的研究』の文章を引用させていただこう。

紀伊と出雲とは、山川一百里に余る行程を隔て、地勢懸絶せりと雖も、ともに人文発達上の一要諦たる半島を疆域として、遥かに相臨み、外来の文化を移殖せらるるに最も便宜なる位置に居る。古史の伝ふる所によれば、太古の時代に於て出雲系氏族の進んで紀伊国に入り、此所に第二の郷土を樹立せしを語れるものあり。記紀の所伝によれば、伊弉冉尊の陵墓が熊野有馬村にあるのを始め、素盞嗚尊の子五十猛命は妹大屋津姫、抓津姫の二神とともに木種を分布して紀伊国所坐大神と斎かれ、大己貴命は八十神の難を紀伊の大屋昆古神の許に避けて身を全くされたといふ。大屋昆古は五十猛命の別名である。次に風土記、和名抄及び神名帳所載の郷名、神社名を求めると、先づ熊野の地が両国に存せるを始めて、次の如く見える。

紀伊国	出雲国
名草郡忌部郷	意宇郡忌部郷
在田郡須佐郷	飯石郡須佐郷

	名草郡須佐神戸
大原郡加多神社	名草郡加太神社
意宇郡玉作湯神社坐韓国伊太氏神社 同　上　揖夜神社坐　同　社 同　上　佐久多神社坐　同　社 出雲国阿須伎神社坐　同　社 同　上　出雲神社　同　社 同　上　曽枳能夜神社　同　社	名草郡伊達神社
飯石郡須佐神社	在田郡須佐神社
意宇郡速玉神社	牟婁郡熊野早玉神社
同　上　熊野坐神社	同　上　熊野坐神社

太古の時代に於ける雲紀両国の交渉は後世に残れる是等の事例によっても明らかにして、その経路は地理上自然の連絡を保てる因伯播磨の方向より、

紀州第一の沃野なる紀州沿岸に及び、次いで在田河に沿ふ在田郡に入り、最後に熊野川の流域に連なる牟婁の奥に及びしものならんか。かくの如くして紀伊国は、漸を追ふて出雲系氏族の占拠する所となり、此所に素神及び神裔を宗祀し、傍ら冉尊にも深く敬事したりしなり。紀伊の方面に足跡の印せられしは、山陰、山陽の経路に引続き、大和に入りしと相前後せる時代にして、彼等は紀国造となりし天道根命一派を始め、天孫種族の渡来に先立って此所に植民し、紀州最初の開拓者たる名誉を担うべきものなりしか。彼等によって紀州に移されしものの中、最も世に見はれて永久的の生命を持続せるは、実に熊野の地名と、熊野坐、早玉の両神社なりしなり。

熊野大社本殿

熊野大社鑽火殿

神魂神社神殿。出雲大社本殿も同じ構造

出雲大社拝殿

第七章　宝賀寿男氏論文

岡崎市在住の宇井寛治氏は、筆者より遅れて「宇井姓」調査を熱心に続けて居られた。ある日、宝賀寿男氏が拙著『ウイウイエイ』を探し求めているとの情報に接し、手持分を進呈したとの知らせを頂いた。小生も宝賀先生に御挨拶状を送った。宝賀氏は、古代氏族系図の大著を公刊している斯道の大家であり、「日本家系図学会」の会長でもあった。平成二十一年、同氏の「熊野三党の祖先たち」と題する大論文を掲載した『姓氏と家系』誌第一号が贈られてきた。拙著を読んで触発されたと書かれていた。貴重な論文で、全文紹介したいが、大部のため大抜粋して以下に引用させて頂く。

「はじめに」

平安中期以降、熊野本宮大社、熊野速玉大社、熊野那智大社を中心とした熊野三山の信仰が高まり、熊野詣が流行した。これを支えたのが熊野の神人たちであったが、なかでも和歌山県新宮市の熊野速玉大社の神官を出した宇井、鈴木、榎本の三氏は「熊野三党」といわれ、全国的に広く活動して各地に一族を残した。

これら三氏は本来別姓であったが、近隣に住んで互いに密接な通婚を繰り返してきて、熊野信仰にからんで三氏の先祖たる榎本真俊、宇井基成、鈴木基行を兄弟に位置づける系譜もあって、系図の混乱も見られる。熊野神人諸氏の流れが熊野のほか三河や房総などに多いという事情からは、戦国期に土豪としての活動が見えたり、徳川氏に従って幕藩大名や直参旗本になった家もかなりある。

本稿は、宇井一族を研究する宇井邦夫氏や宇井寛治氏からその調査、検討の成果や有益な示唆を提供され、これらに大きな刺激を受けて私なりに更に調査を重ねて書かれたものである。

「熊野に関連する諸流・諸氏の概要」

熊野地方に分布した諸氏・諸流について概観する。
①熊野国造を出した物部連の一族。
②紀北を根拠とした紀伊国造と同系族の大伴連の一族。
③神武創業の功臣・高倉下の後裔たる尾張連の一族などの古氏族の流れが遥か大化前代からある。
④京の廷臣藤原氏の陸奥守実方後裔と称する熊野別当家一族の流れが平安中期ごろから大きく出てきた。

●熊野国造
成務朝に饒速日命《にぎはやひ》の五世孫の大阿斗足尼が定められたと「国造本紀」にある。その起源は、崇神朝に河内にいた大由乃支命が射当てた大猪の血の跡を尋ね求めて熊野本宮のある大斎原《おおゆのはら》に至ったと伝える。熊野伝承に見える河内の猟師の「熊野部千与定」なる者は大由乃支命の訛伝とみられる。

大伴連と紀伊国造は、もとは山祇族系の氏族で、天の岩戸伝承に登場する天手力男の後裔に位置づけられる同族であり、神武東征に先立って近畿地方に入り、紀ノ川中下流一帯の名草、那賀郡を本拠にしていた。大伴連の祖・道臣命は神武の大和侵攻にあたり、鴨県主の八咫烏とともに神武の道案内した功績があった。橿原地方のほか後世まで紀ノ川流域にこの族裔があって、それが熊野にも勢力を伸ばした。熊野三党では、宇井・榎本両氏が大伴連一族の出だとされる。

●鈴木氏とその先祖

穂積臣氏が熊野神に奉仕したのは天武朝頃からとされる。その祖にあたる穂積噛臣は、『書紀』孝徳天皇の大化二年条に見える。その子の百足、五百足の兄弟はともに壬申の乱の際には近江朝廷方にあったが、その兄弟とみられる千代足は、天武十二年に牟婁郡の熊野新宮に奉仕したと伝える。平安中期以降に現れる鈴木氏は、『亀井家譜』などに拠ると、この千代足の系統ではなく、同族の濃美麻呂の後裔とされる。穂積臣濃美麻呂はもとは摂津国嶋上郡野実里にいたが、阿倍（称徳）天皇の御世に牟婁沙弥（榎本氏）及び那賀郡人の丸子造枳波美らとともに熊野坐速玉神に奉仕し、天平神護二年（七六六）に年預となり、天平宝字三年（七五九）八十七歳没となっている。これは『亀井家譜』のママであるがおそらく逆の年紀であろう。濃美麻呂の後は「忍万呂－息嗣－貺麻呂－永成」と続いて速玉神の祢宜を世襲し、さらにその子の豊庭－国興と続いて物忌、御倉預をつとめたが国興の子に基雄、基行兄弟が出た（『亀井家譜』）。

このうち基雄は、天慶年中に平将門追討の祈祷のため下総国香取郡松沢村（現・千葉県旭市清和）に下向し、同地で熊野権現社を創祀し、天徳二年（九五八）に七十三歳で没した。同社の祠官家は近世まで続き、この鈴木氏のほか宇井、榎本、宮負、那智などの諸氏もあって、いづれも熊野からの到来を伝える。基雄の子の守基は新宮神官の祖といい、宇井判官包基の女を妻とし、その妹は宇井大夫兼友の妻となった。下総松沢の熊野神社の近世の神主は宇井氏が世襲している。

弟の基行は「熊野山新宮社家惣系図」に見える鈴木氏の初代であるが、同系図の鈴木氏部分と『亀井家譜』の関係部分とは全く符号していない。鈴木氏でも、新宮の神官系統と藤白の神官・武家系統とがある。

基行は、兄の活動時機から見て九世紀前半の承平、天慶頃の人であろう。基行兄弟の妹には宇井大夫基成の妻となり、宇井判官兼純の母となった者が系譜に見えるからこの頃に熊野三党の祖が実際に現れたことになる。この当時、宇井氏と鈴木氏との密接な通婚があったので、宇井氏の系譜は「包基－基成－兼純、その子弟に兼友」となろう。

奥州衣川で源義経とともに討死した鈴木三郎重家と亀井六郎重清は兄弟である。重家の子孫が紀伊藤白の鈴木宗家であり、重清の子孫で出雲へ遷住した者から石見津和野藩主の亀井家を出した。鈴木重家の叔父の重時は善阿弥として知られ、三河に移り、その子孫はその地で矢並、竹村、市木、足助、寺部、酒呑などに分れていった。

新宮の熊野川対岸の三重県南牟婁郡紀宝町鮒田の石市ヶ鼻に鎮座する牛鼻明神を鈴木氏が奉斎した。牛鼻明神は漢司符将軍ともされ、その三人の子が榎本、宇井、鈴木の初祖ともいうが疑問である。「牛鼻明神」は千翁命ともいうが、千翁命は景行天皇の悪神退治に際して稲千束を奉り、姓を穂積と賜ったとも伝えられるので、その実体は穂積臣の祖・建押山宿弥とするのが妥当である。

●宇井氏とその先祖

宇井氏も大伴連一族の出である。一般に熊野三党の祖先にまつわる伝承では、熊野権現出現のときに基成が丸餅と猪子を供えて丸子姓を賜ったというから、丸子連が本姓だとみられてきたが、鈴木真年翁は「熊野新宮三党系図」というのがあることを『列国諸侍伝』で記しており、これによると、宇井氏の姓氏は丸子造ということになる。現に穂積臣濃美麻呂とともに熊野坐速玉神に奉仕した者として「那賀郡人の丸子造枳波美」を「亀井年譜」は記事にしているから、これが宇井氏の祖とみるのが自然である。

「古屋家家譜」では、狭手彦の弟の糠手古連の子女に小手子比咩（崇峻天皇妃）、頬垂連、加爾古連の順であげ、頬垂連は上総の伊甚屯倉を管掌して丸子連の祖となり、加爾古連は木国（紀伊国）の那賀屯倉を管掌して仲丸子連の祖となったと記している。そうすると上総の丸子連が、中世安房の丸一族に展開し、紀伊国那賀郡の仲丸子連が熊野で発展する宇井氏になったとみるのが自然である。

榎本氏は本姓の榎本連に因み、鈴木氏は海部郡鈴木（藤白）荘の地名に因むが、「宇井」は何に因むのであろう。いま宇井の地名は大和の吉野郡宇井村（いま野迫川村）にはあっても、紀伊には顕著な地名としては残らず、これが鵜居、鵜井などとも書かれることから疑問は多く残る。紀伊国那賀郡に宇井という地名があることから、宇井氏の起源の地とみてよかろう。

那賀郡に適当な地がなければ、次に在田郡宇井村（金屋町東南部）が注目される。

さらに直接「宇井氏」の伝承を記すものではないが、次に紹介する文献では松沢熊野権現草創、熊野三党の三兄弟の名が年代入りで記されている家譜が発見された。

宝賀寿男氏が著した『古代氏族系譜』中巻一二一〇頁の中に収載された「天孫系氏族」「穂積臣（一）采女臣」で、そこに意外な事実が記載されていた。

明治維新の頃、華族（津和野藩主）の亀井家より提出され、東大史料編纂所に所蔵される『亀井家譜』の系図である。

その一部を抜粋しよう。

亀井家譜系図

出石心大臣命 ― 内色許男命 ― 大水口宿祢命[注1] ― 濃美麻呂[注2]

濃美麻呂 ┬ 兄麻呂
　　　　 └ 忍万呂 …… 国興

国興・是興[注3]・弘興

国興 ┬ 基雄[注4]
　　 ├ 基行[注5] ―（五代後）― 重孝[注7]
　　 ├ 基衡
　　 └ 女子[注6]

注1／天照御魂大神に始まり、物部連の一分派として出石心大臣命の子の

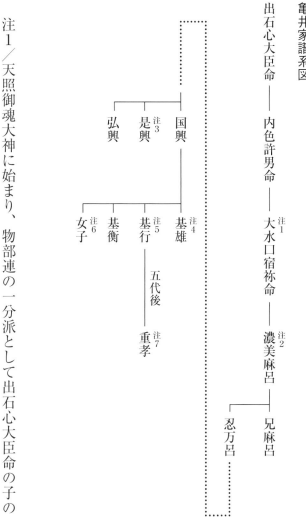

内色許男命から穂積臣となり、熊野の鈴木氏に入り、さらにそこから分れて亀井氏が生じている。

大水口宿祢は、『姓氏録』では、神饒速日命六世孫とされ、「神饒速日命五世孫伊香色雄命之後」が穂積朝臣とされている。

注2／阿倍（称徳）天皇の御世、熊野坐速玉神の御門に熊野大神と百余大御神を祀らせ、天皇はこれを聞いて天平神護二年九月二十四日に神戸四戸を年預供奉の為に与えた。天平宝字三年六月十日没、八十七。

注3／神倉常住の祖。神倉権現勧請人。

注4／従五位下祢宜、下総松沢の鈴木の祖。異本に光雄とあり。天慶年中、平将門追討の為、祈祷を頂き御正躰下向す。不日賊を亡し、下総国香取郡松沢村権現社を草創す。天徳二年十月卆、七十三。

注5／散位外従五位下、昌泰三年正月叔爵、毘沙門勧請、延長四年五月二十一日卆、六十二。

注6／宇井太夫基成妻、宇井判官兼純母。

注7／鈴木三郎大夫、下総鈴木祖、下総国匝瑳南荘田所預。兄重康は康平八年正月六十三で卆している

平成二十八年正月、宝賀先生から、鈴木真年翁の著『真香雑記』を発見できたとの速報を頂き、同年三月二十二日付で同書を解読した結果をお知らせ下さった。そこにある「仲丸子連」の系図を簡略化すると次の如くになる。

仲丸子連系図

加雨古連─○─差服─○─名歳──田丸──横風─○┬基成──兼純……
　　　　　　　　　　　　　　　　　　　　　　└包基──倉基

基成には、「御炊所物忌、宇井大夫、母紀直行満女、昌泰三年（九〇〇）叙爵」

と付記されている。包基には、「権介、宇井判官、母同」とある。倉基には、「宇井、石垣二郎改能包天慶庚子年為沙弥調伏東国下向、勧請下総国香取郡松沢村熊野社」と注記がある。

平将門討伐の天慶三年（九四〇）と松沢熊野神社が三川浦から松沢（あるいはお休み権現）へ遷座したという天暦九年（九五五）とほぼ一致していることは重要である。

前出の如く亀井家とは、源義経討死の際鈴木三郎重家と共に亀井六郎重清の兄弟も討死という事蹟で「宇井・鈴木」と「亀井」に接点を持つことから納得の得られる出典である。

閑話休題。筆者の地元東京都世田谷区の民話収集家の大庭伊兵衛氏（故人）によると、上北沢村（現・世田谷区内）は鈴木家と榎本家が中心になって拓いた所と伝えている。江戸末期のことである。鈴木家では、自宅近くに牡丹を多数栽培し「凝香園」と名付け、江戸城の松も納めたという。

第八章　下総松沢熊野権現

千葉県に宇井氏や熊野神社が多いと記してきた。千葉県旭市清和乙に熊野神社は鎮座している。かつての地名は、下総国松沢村であり、最近までは香取郡干潟町清和乙七一五と呼んでいた。東庄総鎮守と呼ばれている当社は千年余の歴史を有している。天保二年、同社の神主宇井包教は次のように記している。

　下総国香取郡松沢村、熊野大神は、昔人皇五十二代、平城天皇の御世、大同元年丙戌御年、同国海上郡三川村の浦長我留前《がるまえ》氏某と云ふ人の夢に出て木の国熊野大神の奇魂なり、と御諭阿りて、其夜彼我留前氏の塩竈の上に、幣東一本飛来里立ち、陰陽二つの神石光を放ちて、其渚に寄り来しと那む。是を以って、其ノ処に御舎を建て彼ノ幣束を御魂代登して祀里けり。然るに其ノ後、百五十年を経て、六十二代村上天皇の御世、天暦九乙卯の年九月五日また彼我留前氏の夢に、此浦の西の方に当里て清々し紀土地阿り。吾御魂今日より彼処に移りて無窮に国内を鎮め、五穀をみのらし、百姓を豊饒さむと御諭有りて、彼幣束を其浦より西の方なる松沢村に飛去り給ふとぞ。彼陰陽二枚の石を、共に松沢村に移し大神の宮柱太知り立て崇め祭り記。此時木の国熊野の巫の女子にも神託あ里て、吾世の蒼生を恵まむために、東の国松沢の里に御魂を止むれば、神主祝部ら、松沢の里に尋ね下り、四時の祭祀のさ満を教へてよと有りけれバ神官、宇井鈴木榎本の氏人ら、神の御諭のままに、松沢村尋弥来里、其ノ子宝今に至る満で祭を怠らず、故天暦九年の例に因て、卯の年毎に三川浦に御幸阿り。其御幸の路次の内、海上郡蛇園村に神輿御休所あ里。此所に、卯年に限里て志免かけ竹四本生ひて、殊更に植える が如し。依て九月五日の夜に、図の如く三川浦の人ども輿を加きて海にい連バ潮忽干て、沖に必神火阿らはる。世に此を海宮の神燈とも、熊野ノ大神の御あそびとも申し云ふ。□□卯年の前後三とせの間、三川浦に漁猟の幸いあ里て、其里の賑ひ言葉に□□く、霊験あらたなる事、人の知る所なり。故天正十八年に東照神宮よ里、神田御寄附の御朱印を成させられ、毎年十一月二十一日より、二十三日まで、御武運長久の御神楽を奏し奉里天下泰平、五穀成就の御祈祷なる事、人の知れるが如し。

松沢に千代□さ民をみく満野の
神の恵みの多ふ登記□か毛

天保二辛卯年十二月

宇井包教謹記

このように、大同元年（八〇六）に九十九里浜三川《さんがわ》浦に渡来、天暦九年（九五五）現社地に移り、爾来、卯年の十二年毎に祭例が行なわれている。
平成十一年十一月には「第八十八回神幸祭」が挙行され、一〇〇〇年の歴史を実証している。

『八十四回式年熊野神社御神幸略記』飯田傳一撰（一九五一年）で記述されている「浦長我留前氏」については、以下の様に解説している。

我留前四郎左衛門は紀伊の人で三川浦に移住し、熊野神社を勧請し、漁業を営んでいたが生活が思わしくなく、農林に生活の主力を移したいと思い、松沢の地が適地であるとして熊野の御神体を奉じて松沢に移住した。諸記録に我留前四郎左衛門とあるが、古代の庶民に姓名はない。「我れ前の四郎左衛門に留る」と訓み、先祖の四郎左衛門に逗留した義に解すべきで、四郎左衛門の子孫が我留前（一に軽前ともいう）と称したと見るべく、現に四郎左衛門は小林氏を名乗っている。

東総の文化人として活躍した宇井包孝、宇井包教に次いで、息子の包高も明治初期に神職を継ぐと共に、庶民教育にも尽力して人望を博していた。宇井包孝については、竹林翁之碑が建てられ、菅谷敏夫氏により次の如く解説されている。

竹林翁之碑

翁天資聰明。詩歌を善くし、亦筆札に巧みなり。其の揮洒する所の扇頭紙尾、人爭って之を珍とす。是に於いて其の門に遊ぶ者少なからず。父上總介包胤、嘗って山嵜垂加翁の神道を傳へ、頗る其の薀奥を究む。天明・寛政の際、隅ま江戸日本橋に居り、專ら神道を講じ、其の名世に聞こゆ。翁亦父の業を継ぎその道を明らかにす。又、久志本氏に師事し、殆ど出藍の譽有り。翁姓は穂積、氏は宇井、諱は包孝、東嵜山人と号す。初めの名は織衛、後出羽と称す。其の先は紀州熊野より出づ。村上帝の御宇、天暦九年、神の告げに因り、北總松澤郮に来り、子孫累葉、熊野大神の神事を司る。文化十二年四月廿八日病んで没す。寿を得る五十八歳。村西の先塋の側に葬る。配小作氏、二男六女を生む。嫡子包教、亦父の業を継ぐ。嗚呼世遠く人亡ぶ、恐らくは人の其の蹟を知らざるに至らんと。門人相謀り、戮力、一碑を樹て銘を録し、附するに翁の詠歌を以ってし、諸（これ）を不朽に遺さんと欲す。銘を余に索む。余是に聞く所を撰次して、之に繋するに銘を以てす。

銘に曰く、

道統維れ継ぐ、子孫榮有り、是れ此の俊士、遺徳茲に明かなり。

中臣穂舊撰

天保十五歳次甲辰冬十月

龍眠木瑣信書

（菅谷敏夫氏解読）

『干潟町史』では、宇井包高について次のように記録している。

宇井包高（国学）

宇井包高は松沢の人なり。文政十年に生れ父を包教と云う熊野神社の神主たり、幼名を織衛と云ひ七才にして父に従ひ家学を修む。山倉の人石田某、江戸の大橋重幸の門に入り勉学す二十五才にして父業を継ぎ嘉永六年従五位に叙せられ出羽守に任ぜられる。神職制度の改正に当り社司となり更に神道下総分局の副長となる。本職の傍、惟を垂れ後進を導くこと前後実に五十年に及ぶ門に入るもの三百余人に達し有用の材を出す亦鮮からず。

又大原幽学の門に入り校友深く早くより松沢組と称する道友の主たり。明治二十九年二月門人等相謀り碑を熊野神社の傍に建て其徳を称し併せて其寿を祈れり。

明治三十年十二月病を以て歿す享年七十一才也。

松沢熊野神社に建てられた「宇井翁寿歳碑」の碑文全文の読み下しを「干潟町史」（一六一一頁）から引用したい。

宇井翁寿歳碑（松沢熊野神社内）

下總國香取郡、斌馬乃荘、松澤の里なるゝ熊野神社に、年久しく仕へまつらるゝ、宇井包高、と云ふ翁おはしぬ、翁はその神まつりの式にくはしきのみならず、古典にあきらかに、歌文にたくみに華道にさへ達せられたり、されば近き里の人々は更にもいはず、遠きところの人々も東より西より来りて、その教を受くるもの絶ゆる時なし、翁倦むことなくこれを教ひ導かなきはなく、今はその教子の數もいよいよ加はり、その中にてはやうやう名高き人々も出て来たれり、されば翁のことし七十になられしを祝はむとて、教子相はかりて、翁の仕ひまつらる、社のほとりに、その壽碑を建て、いよゝ世の長人と仰ぎ仕へむとす。翁姓は穂積其の遠祖は紀伊國の人、後この下總國に移られぬ、熊野神社は承和二年の勧請にして、年久しくこの地の鎮守たりしが、建久元年右大将源朝臣千葉介常胤に仰せて宮殿を再興し、斌馬の庄をその神領とせられしより、いよゝ榮えたまひぬ、この時翁の曩祖、穂積胤政を神主とし、かねて神領の別當職たらしめられき、これこの神社のこゝに鎮坐したまふいはれにして、またこの翁のとゝにつかへまつらる、所以なり、翁文政十年に生れ嘉永五年父の職を嗣ぎ同しき六年從五位下出羽守に任せらしが、維新の後神社の制度あらたまりて今は社司といへり、またはやう神道教導職となり、いまは少教正に進みて神道下總分局の副長たり。翁の父上總介包教ぬしは伊吹の舍大人の門に入りて、その才學世にきこえ母は片岡氏佐兵衛の女にして賢婦の稱おはしき、されば翁の才學徳行の二つながら勝れたるも、その素ありとやいはまし、そもそも翁は名ある家に生れて庭の教の正しき道をたとり、神に仕へてはその身を致し人を教へては徳と學とを積み修めしむ齢は既に七十に及ばれしかど母事に飽かず、學に倦ますしてその身さへいとすこやかなるは善きを善しとする神のちたひならざらむや、あはれ今より後この築き建つる碑の動くことなく熊野の神杉かはることなくさかゆる御代の長人と仰きまつらば、たゞに翁のをしへ子のみならむやは、

紀元二千五百五十六年明治二十九年二月二十三日
宮中顧問官従三位勲三等船越衛篆額
第一高等學校教授正七位小中村義象撰文并書

松沢熊野神社の近くにある「お休み権現」は、旧・香取郡山田町仁良に旧社地が残り、周辺の地には各氏とも現存している。武蓋（たけぶた）氏は、お宮に竹の蓋をしたといわれ、宮負（みやおい）氏はお宮を背負ったことに因んでいるといわれる。那智氏からは明治～昭和期に活躍され、二松学舎大学中興の祖と称される漢学者那智佐典翁が出ていて、ここにそれぞれの氏姓が登場することには興味が深い。

「お休み権現」には、熊野神社が現在地に鎮座する前に、一時的に鎮座したといわれる別伝もある。

その御手洗標石には次の刻文がある。

本朝人皇第四十三代元明帝和同三年（七一〇）、仲秋遥かなる紀伊国熊野より、宇井、竹蓋、那智、鈴木、玉井、榎本、宮負、越川外崇敬の諸氏、熊野三社大権現の御神霊を奉じ、笈負して当地に到り神意に依り此の地に止り、（中略）後松沢の地に遷宮に及びたり。

『ひかたの歴史と民族』第三号（二〇〇一年）は熊野神社の神幸祭を特集して貴重である。この中で、祭祀の総責任者である宮司について、神社に伝わる古文書および口碑伝説によると、松沢の宇井出羽守家が首席宮司として創建以来明治中期那智氏に譲るまで、一千年の長い間神社護持に努め祭祀に奉仕した名門であり、「出羽様」と敬われ、慕われた名家であったと記している。

松沢熊野神社に近い畑地の中の林に、歴代神主の墓地がまとめられている。これを系図化してみると次のようになる。

下総松沢熊野神社神主系図

宝永七年（一七一〇）十月亡？ 宇井伊勢守中臣包光 ……… 明和元年（一七六四）六月八日亡 上総介穂積包胤 ― 明和六年（一七六九）十一月三日亡 宇井上総介中臣清胤

― 享和三年（一八〇三）七月二十九日亡 宇井主計穂積包吉 ― 文化十三年（一八一六）四月二十三日亡 宇井出羽守包孝 ― 万延元年（一八六〇）四月二十二日亡 宇井上総介包教

― 明治二十九年（一八九六）六月十九日亡 宇井包高出羽守 ― 明治三十四年（一九〇一）十月二十九日亡 宇井包敬

― 明治二十五年二月五日生～昭和三十八年七月十六日亡 宇井小三郎 ― 大正十年三月二十七日～平成十八年一月三日亡 宇井正一 ― （当主）宇井包満

この神主家系は、宇井包敬が明治三十四年に没した後、経済的理由で那智家、上代（かじろ）家が神主を嗣いで今日に至っているが、宇井家の家系は今日に継承され、現在では当主包満氏は柏市に在住されている。

「新宮社家総系図巻」で宇井氏の家系では「包」と「基」の字が名に多用されているが、松沢熊野神社神主も前出のように八代約二百年間に亘って「包」の字が使われ、その後も三代のうちに二代で同様の「包」の字が使われている。何とも奇妙な符合である。この歴代の神主のうち宇井上総介包教は、当時、隣村の長部村に逗留していた大原幽学、東総巡歴をしていた国学者の平田篤胤と親交があり、松沢村名主の宮負定賢《やすまさ》とその子の定雄《やすお》とも交流があり、平田国学の流布を通じて、地域の文化振興で重要な活動をしていた。このことについては、筆者の『東総の改革者たち・宮負定雄と平田国学』を参照されたい。

一方、古代から近代までの宇井氏についての資料は少ないが、一例だけある。治承四年（一一八〇）、源頼朝が伊豆で挙兵し、房総半島に渡って来た。この時、千葉介常胤は頼朝に応じ多くの軍功を挙げた。当時、破損の激しかった熊野神社の再興を常胤は頼朝に請願し、建久元年（一一九〇）に社殿が造営され、松沢荘一円が神領として奉納された。建久五年（一一九四）には、正一位熊野三所権現の称号が贈られ、後鳥羽院は勅使を下された。この時、紀州の住人宇井摂津守政久が勅命によって神主となった。そして、神主四十二名が勅使を迎えるべく奉仕したという。現地の「内殿《うちで》の鈴木昭氏」蔵の長文の由緒書は寛延二年（一七四九）九月の奥書のある巻物で次のように見える。

正一位松沢熊野三社大権現は、伊邪那美命、速玉男尊、事解男等の三神を祭る。

惣行殿司神主　宇井大和守清原正宗
惣大内殿宮司　鈴木駿河山城守藤原家仲
大祢宜　鈴木駿河守藤原吉繁
後祢宜　鈴木備後守藤原家茂
内院祢宜　八王子播磨守橘国定

権祢宜　　神田民部大輔菅原満貞
拾五人之宮仕　　吉田右近　宮崎左内　那智頼母
熊野斎宮　遠藤左近　榎本靫負
池田主水　池谷多宮　美沼織部
朝稲主殿　真壁主計　渡辺右京
高梨求馬　飯塚数馬　榎本兵部
右者同格同座

このように、宇井氏を惣行殿司神主とし、鈴木、榎本の名も揃って見える。さらに、近隣旧家の家系図にも「先祖は熊野本宮の神職也」との記載があり、熊野、特に本宮との接点が色濃く見られるものである。

旧地名で香取郡山田町府馬（現・香取市府馬）に小字で「山中」という集落があり、数軒の宇井氏がいる。筆者の父の出身地でもある。屋号で「長兵衛」「長右衛門」「太兵衛」と呼ばれる家々が、かつては、いずれも本家と称した時期があり、嗣子の断絶などで本家役は移動し、現在では「太兵衛」家が本家とみなされている。古文書も伝承されているが、公開はされていない。同家の「系図伝」の冒頭を引用しよう。

宇井太兵衛姓穂積、其先紀州熊野本宮神官也。往昔人皇六十二代村上天皇之御世天暦九年乙卯九月甲子以神之告建祠於下総香取郡松沢邑宮柱造営而、春秋祭祀焉使宇井氏世司之裔孫内匠者移住同郡府馬村、時建久年間也、其子孫蕃栄長禄年中元亀之頃分産也。

府馬の宇井氏の来歴が鮮明になってきた。天暦九年紀州より渡来、その祖は穂積氏、建久年間（一一九〇年代）に宇井内匠が府馬村に移り、長禄（一四五七頃）から元亀（一五七〇頃）に繁栄したとされているが、当時の系図は示されていない。

第九章　下総宇井氏の系譜

⑴　宇井氏の現況

宇井姓を名乗る人は決して多いとはいえない。しかし、場所によっては複数の方々がいる。そうしたことを数字でまとめてみたい。

平成三年（一九九一）、筆者は『NTT電話帳』を全国五百余冊に亘って、「宇井姓」を悉皆調査した。また、『全国神社名鑑』で「熊野」を冠する「熊野神社」を検索した。電話帳からは、電話の登録名義人しか判らず、家族構成は判らない。非登録者もいる。検出されたのは、一七九八件となり、仮に一件には三人の家族がいるとすれば、宇井さんは全国に約六〇〇〇人いると推定される。この調査の約十年後、岡崎市在住の宇井寛治氏は、電話帳ソフト「写録宝夢巣」を使って、筆者とは全く無関係に同様調査をされ、各家にアンケートを送り、近似の結果を得られている。寛治氏は、後日、各戸を個別訪問もされ、その行動力には敬服の他はない。電話帳を出典とする調査は、その後プライバシーの進展で掲載を避ける風潮が強まり、携帯電話の普及などの理由で精度を欠くようになって来た。『日本の苗字ベスト三〇〇〇〇』(人物往来社、二〇〇三年)によると、「宇井氏は一七九七件、第二〇〇九位」とあり、何と筆者調査と一件しか相違していない。宇井寛治氏は、一七〇六件を検出している。多分、三者共に的を得た数字であろう(「県別宇井名義電話登録台数と熊野神社登録数表」章末収載)。

同様に、「熊野神社」を『全国神社名鑑』から検索した。ここには神社本庁に登録された神社が登載されている。「熊野」を冠する神社は、二三七〇社を検出できた。一般に熊野神社三〇〇〇社といわれている。神社は、明治維新後、神社一村一社運動が推進され、全国で合併、廃社が進められ、その運動の強弱は、当時の県知事の意向によって差があったので、明治以前の実数とは相当な開きがあることを承知して置く必要がある。

表から、宇井氏と熊野神社には、かなりの相関性が見られ、山形、福島、千葉、愛知の四県で両者の相関性が特に強いと絞られた。即ち、東北地方、首都圏東葉地方、参河地方、近畿地方である。また、宇井寛治氏は、宇井家の多い市町村として二十七市町村を挙げている。その後の市町村合併もあるが、旧名のまま掲げる（「宇井氏の集中している市町村」章末収載）。

千葉県香取郡では、一五一件がリストアップされている。九十九里浜と利根川に挟まれた一帯で、山田町、小見川町、栗源町は佐原市と合併して平成十八年三月香取市が誕生している。合併以前の佐原市長には、宇井雙平《そうへい》氏が、香取市長には宇井成一氏の父子が選出されている。光町と横芝町は、成田空港に隣接している。また、『山田町史』（一九八二年刊）によると、町内の宇井氏は四十三戸であるが、その中の二十九戸は府馬《ふま》地区に集中している。筆者の父の出身地でもある。

この調査の中から、千葉県下の宇井氏の内訳を市町村別に図にまとめた（「宇井名義電話登録千葉県詳図〈六五二一件〉」章末収蔵）。なお、宇井寛治氏も同様の多岐に亘る詳細な調査・活動をなさっている。

これらの数字から明らかなことは、千葉県に宇井氏の三分の一以上が居り、東京、神奈川、埼玉を含めると、全国半数の宇井さんが居住していることになる。神奈川、埼玉県の宇井さんは、多分千葉県から進出したルーツを持つものと想像される。大阪、兵庫、奈良の宇井さんは和歌山県、特に新宮市を中心とする南紀を祖地としていると推定される。

平成二十七年夏、宇井寛治氏から、石川県小松市に宇井邦夫氏が住まわれているとの通知があった。同姓同名氏の出現であった。早速西の邦夫氏と文通を行なった。父祖の地は、千葉県香取郡東庄町とのことであった。利根川の南、干潟町や山田町（いづれも合併前）と隣接する位置関係にある。干潟町には、地名からも想像される大きな干潟があった。椿海という入海があり、寛文十年（一六七〇）干拓に着工、翌年には完成した。十二年から稲作が始まり、干潟八万石と呼ばれる美田になった。松沢熊野神社の十二年に一回の神幸祭は、椿海の湖岸を通って九十九里浜の三川浦に至るルートを採っている。そして十一カ所で番所が設けられ、東庄町小南もその一つであり、大きく見れば、熊野神社氏子としての共通点の見られる奇縁に当たるようである（「宇井一族の熊野三山参拝を報じる紀南新聞」章末収載）。

平成二十八年二月、新宮市熊野川町在住の宇井利行氏から突然手紙が届いた。同氏は未知の方であったが、拙著奥付で住所を知ったとのことであった。それは新宮市ライオンズクラブ主催で市民ミュージカル「天の剣を託された男・熊野三党の祖高倉下命」が二月十四日新宮市市民会館で開かれ、二回の公演で一三〇〇名が集まったというのである（「ミュージカルポスター」章末収載）。同封されていた「熊野新聞」「紀南新聞」二月十六日号では、共に一面トップ記事で報じられていた。神話を否定される今日、新宮市では神倉神社の祭神である高倉下命と神武天皇の間の神剣授与の場面が物語として受容されている事実は、何とも嬉しい便りであった。

⑵　府馬の宇井氏と平将門

松沢熊野神社のように、宇井氏を惣行殿司神主とし、鈴木、榎本の名も揃って見える。さらに、近隣旧家の家系図にも「先祖は熊野本宮の神職也」との記載があり、熊野、特に本宮との接点が色濃く見られるものである。

旧地名で香取郡山田町府馬（現・香取市府馬）に小字で「山中」という集落があり、数軒の宇井氏がいる。筆者の父の出身地でもある。屋号で「長兵衛」「長右衛門」「太兵衛」と呼ばれる家々が、かつては、いずれも本家と称した時期があり、嗣子の断絶などで本家役は移動し、現在では「太兵衛」家が本家とみなされている。古文書も伝承されているが、公開はされていない。同家の「系図伝」の冒頭を引用しよう。

宇井太兵衛姓穂積、其先紀州熊野本宮神官也。往昔人皇六十二代村上天皇之御世天暦九年乙卯九月甲子以神之告建祠於下総香取郡松沢邑宮柱造営而、春秋祭祀焉使宇井氏世司之裔孫内匠者移住同郡府馬村、時建久年間也、其子孫蕃栄長禄年中元亀之頃分産也。

府馬の宇井氏の来歴が鮮明になってきた。天暦九年紀州より渡来、その祖は穂積氏、建久年間（一一九〇年代）に宇井内匠が府馬村に移り、長禄（一四五七頃）から元亀（一五七〇頃）に繁栄したとされているが、当時の系図は示されていない。

ただ、前述した東大史料編纂所に所蔵されている『亀井家譜』には、熊野三党の三兄弟として宇井の名が記されている。

この『亀井家譜』には多岐に亘る系図が所収され、時代も判然としているものが多い点で貴重である。いわゆる熊野三党の祖という「宇井基成」「鈴木基行」の名が出ていて、基成の妻が基行の妹という義兄弟となっている。「榎本真俊」の名は見当たらない。基行の兄の基雄は、天慶年中に平将門追討のため下向し、下総松沢村権現社を草創と明記されている。松沢熊野神社社伝では、和銅三年（七一〇）に熊野から渡来、天暦九卯年（九五五）、三川村から現在地に遷ったとされる。

一方、平将門は、天慶二年（九三九）に叛を起し、翌三年（九四〇）に平貞盛、藤原秀郷らによって誅されている。基雄の下向と平将門の乱とは時代的に矛盾はなく、その十五年後に松沢権現社の再興ということになり、これも整合性は認められる。

ここで重要なことは、『熊野三党系図』をはじめとして、いくつかの伝承でタカクラジの許に貢物を持って三兄弟が参集したことを事実とすると、タカクラジは神武天皇の義兄に当たるので神代の時代のことになる。しかし、『亀井家譜』によれば、天慶三年の平将門追討のために基行の兄の「基雄」が下向し、松沢権現も草創し、これが松沢熊野神社の社伝とも、ほぼ一致している。

さらに基行の妹が宇井基成の妻となっている。こうして三兄弟のうち二名が義兄弟となっている。

これは十世紀中葉の史実として認められ、一躍現実味を帯びた伝承となったことである。

ここで、坂東武者平将門について若干触れておこう。

平将門は、天慶三年（九四〇）に藤原秀郷らとの合戦で敗死した。没年齢不詳で、生年も判らないが、生地は下総国と伝えられ、関東平野を中心に武勇を振い、多くの合戦に関係している。

天慶二年（九三九）十二月には、朝廷に対抗して新皇を称し、北関東で独立政権樹立を宣言した。対して朝廷側は西国での藤原純友の乱などに手を焼いていたが、追捕使や征夷大将軍を命じて組織化した。しかし、味方と思っていた平貞盛と藤原秀郷の常陸・下野同盟軍の挙兵に虚をつかれて、合戦の末に将門は戦死するのである。二月二十五日には、使者により朝廷にも急報され、四月二十五日には、将門の首級が朝廷にもたらされ、五月になって東市でさらしものにされた。この首級はやがて東国に飛来して現在の東京大手町に止ったと伝えられている。

さらに、『亀井家譜』説を補強する二文献を紹介しよう。「那智大社熊野権現氏人系図」には、次の記事がある。

那智大社熊野権現氏人系図

漢司符将軍 ―
- 真俊（榎本姓）
- 基成（宇井姓）
- 基行（穂積姓・鈴木の祖）
- 基雄 ― 守基・母宇井判官包基女・永勧元年（九八三）没
- 女子　宇井太夫兼友室
- ○
- ○

この系図にも、基雄の名があり、「下総松沢の鈴木祖、下総松沢村権現社草創、天徳二年（九五八）没」と注記され、『亀井家譜』の注記と一致している。

松沢熊野神社で明治初期に宮司として仕えた那智正敬の息子那智佐典（明治六年七月十日生、昭和四十四年一月二十一日没）は、府馬村の生んだ漢学者としての逸材であった。

佐典は、長く東京で教職を勤め、二松学舎大学学長、理事長などを歴任し、同校中興の祖と称されている。

彼が作成した系図『那智系図』に息子の那智篤敬氏が解説したものがあるので、その一部を引用させて頂く。系図は津速産霊（むすび）神に始まり、意美麻呂が二十五世となっている。欽明天皇の代に大化改新が起り、中臣連姓を賜り、神事の宗源となった。意美麻呂の七男宣久について、次の一文がある。

天暦九年（九五五）有神諭、自紀伊国熊野来而下総国吹揚里に到る。熊野分魂三社に奉仕する宇井鈴木等の氏は本宮新宮を主とするなり。宣久は那智宮祭祀の長となり、職号を那智神主に任う。子孫は吹揚里に住み熊野権現社職たり。

これら二系図には、基雄や宣久の名が出て、天暦九年に松沢へ来たという点で共通している。

また、「豊久は永仁五年（一二九七）に府馬郷愛宕山権現兼神主職を賜わり、茲に因り社内三町神田壱町五反豊久に寄す。是を以て豊久府馬郷に転居し、子孫此に住む」とある。このあと、十八世紀以降の系図には、宇井民部、宇井加賀掾、掃部加賀正などと注記され、那智正敬の二男は分家して宇井嘉蔵となり、三男佐吉は宇井嘉門の養嗣子となった。これにより、那智家と宇井家の間には、深い交流が続いていく。

(3)　府馬地区の宇井氏／私説・熊野曼荼羅と九曜紋

千葉県旧山田町（現・香取市）でさらに数字を見てみたい。『山田町史』

（一九八六年刊）は町内三地区の著姓調査をしている。八都（やづ）地区、山倉地区では十位以内に顔を見せていないが、府馬地区では第五位、二十九軒を占め、鈴木氏も第三位、三十軒を検出している。山田町全体では、宇井氏は四十三軒ある。全国的には、その分布が希薄なのに、的を絞り、かつての府馬村、山田町と変遷した一地区に濃厚な密度の宇井の分布地のあることは、極めて異常なことと言える。さらに、『山田町史』は、各戸の家紋調査もしている。何と、宇井氏三十一戸中十九戸が九曜紋なのである。この十九戸は、何らかの近縁関係にあったものと推定しても良かろう。なお、「松沢熊野神社」の社紋も九曜であり、平将門の家紋は確認していないが、「九曜紋」を商標とする「将門煎餅」という菓子もある。何らかの関係があるのかもしれない（「千葉県山田町三地区に於ける著姓表、九曜紋、千葉県山田町の主要家紋と宇井氏の家紋表」章末収載）。

なお、余話として、個人的見解ではあるが、「私説・熊野曼荼羅と九曜紋」

の一文を記したので、ご一読願えれば幸いである。

曼荼羅は平安中期に空海が中国から請来して以来、密教の盛行と共に多数作られるようになった。熊野三山参詣図、主要社寺縁起など絵解き資料として製作された。密教では、大日如来をすべての働きの中心として表現し、本地垂迹説に基づいて画面構成されたものに熊野曼荼羅がある。

熊野曼荼羅の名の図幅は多数伝承されており、多くは重要文化財級の指定を受けている。したがって、その構成には多様性が見られている。ざっと分類すると次のようである。

①大日如来を筆頭に横に三列、三段で九神を配列する。

②大日如来を中心に配し、その両脇に八神をタテ流しで配したもの。

③前者の亜流として、大日如来を中心とし、諸神を円形に配したもの、即ち、九曜紋に通じるもの。

熊野曼荼羅は九曜紋を意識することなしに発展していったが、この両者の因縁に火をつけざるを得ないと思いが至ったのである。

九曜紋の歴史をまとめた資料は少ない。

『宇井氏今昔物語』では、九曜紋が千葉県府馬地区に分布していることを採り上げげた。筆者の家系でも、紋は九曜紋、宗派は天台宗、菩提寺も天台宗と身近に感じていた。こうした環境で各種の情報に接していると、九曜紋が随所に見られる。大本山延暦寺こそ天台宗である。開祖の最澄は、弘仁六年（八一五）に東国巡錫をし、永承二年（一〇四七）には慈覚大師（良源）坐像が陸奥黒石寺にできている。このように天台宗は早くから、東国開拓の活動をしている。真偽のほどは判らないが、マスコミのＴＶドラマなどでの合戦シーンでは、九曜紋の幟を背負って戦っており、八戸周辺の民俗踊り「鹿踊《しし》り」でも九曜紋が活躍してるので、東北地区にはかなりの普及をしていると感じている。

熊野曼荼羅は、多くの垂迹絵画の中でも最も多く、天台系寺院には必ずといってもよいほど伝えれらている。例えば、京都高山寺蔵の曼荼羅は、中央に八

熊野三山共通の祭神

殿舎又は神名	略称	祭祀神社	本地仏	祭神
証誠殿		本宮	三所権限　阿弥陀如来	ケツミコ・クニトコタチ
両所権限	結	本宮	（千手観音）	（イザナミ）クマノフスミ
	速玉	速玉	薬師如来	イザナミ
若宮王子			五所王子　十一面観音	アマテラス
禅師宮			地蔵菩薩	アメノオシホミミ
聖宮			龍樹菩薩	ニニギ
児宮			如意輪観音	ヒコホノデミ
子守宮			聖観音	ウガヤフキアエズ
	フスミ	那智	千手観音	イザナミ

熊野曼荼羅

出典:『古寺巡礼・京都 15』（高山寺）井上靖・葉上照澄著　淡光社　1997年

葉を描き、熊野本宮の祭神である家津御子《けつみこ》の本地仏である阿弥陀如来を配し、速玉は薬師如来を右に、那智の千手観音を左に配し、他の六尊は若宮の本地仏十一面観音、禅師・聖宮の本地仏である地蔵菩薩、龍樹菩薩、勧請十五所の本地仏、釈迦如来、児宮・子守宮の本地仏如意輪観音、聖観音菩薩で構成されている。

熊野曼荼羅の多くには、このような九曜紋の原型と思われる思想が採用されている。九曜紋の歴史は古くから流布しているが、単純明快な九個の円に収斂させて描いた中世の人に敬服するしかない。

参考文献

図録「天台宗開宗一二〇〇年記念最澄と天台の国宝」二〇〇五年、読売新聞。
「古寺巡礼15高山寺」一九七七年、淡光社。

さて、本論に戻ろう。宇井太兵衛正夫については、同郷の漢学者那智佐典が墓碑銘を書き、『惇斉文詩稿』に採録されている。以下に要約してみよう。

宇井正夫通称太兵衛、祖先は熊野の神職で十二歳で父を失う。十七歳で和歌を志し、宇井包高、神山魚貫に師事。安政六年組頭に抜擢さる。明治五年副戸長となり、水田地推図を作り、田圃、山林、宅地の測量をし、地図とした。明治八年には、明治初年に開いた私塾を廃し、公学に切替えた。明治十三年には村長になり土地台帳を作った。同二十二年、四村合併で新選村長となり、明治三十八年十月十四日、六十七歳で没した。子は三男二女で、晩年は三男正泰と同居し、墓は正泰が建立した。

『山田町史』には、宇井太兵衛の名が何カ所かに見える。これらの資料は、正泰の娘婿の宇井隆蔵となっている。正泰の姉たかは久保田家へ嫁ぎ、その孫久保田くらは東京女子医大名誉教授で解剖学の権威として有名であったが、平成十七年五月に没した。

筆者の父の実家は、通称「桶屋の長兵衛」と呼ばれる家系である。系図的には、幕末以降しか判明していない。現在は、県道天神坂の中腹にあるが、宇井猷二の話では、かつては「山中」という所にあり、明治三十八年に火災で桶屋の隣に移ったといわれている。

その旧宅跡と思われる所は、今も丘の中腹に平坦地として竹林になって残っている。そのすぐ近くに三基の墓があり、戒名と共に「実川長兵衛建之」とある。実川とは近所の地名であり、実川城という古址も残っている。これらの墓は、平成十九年修徳院の墓地に移設された。筆者の父は農家の三男だったので、ロスアンゼルスに移住していた叔父邦造の許へ養子に入り、学費の援助を受けていた。筆者「邦夫」の名の由来はそこにある。邦造の墓碑には次のような一文が刻されている。

明治十九年三月十日生れ、移民として渡米、ロスアンゼルスでクリーニング店を営んでいたが、交通事故が原因で昭和三年十月八日午前十一時四十分、北米合衆国カリホルニヤ街ハーネマン病院にて死亡。

宇井太兵衛家系図

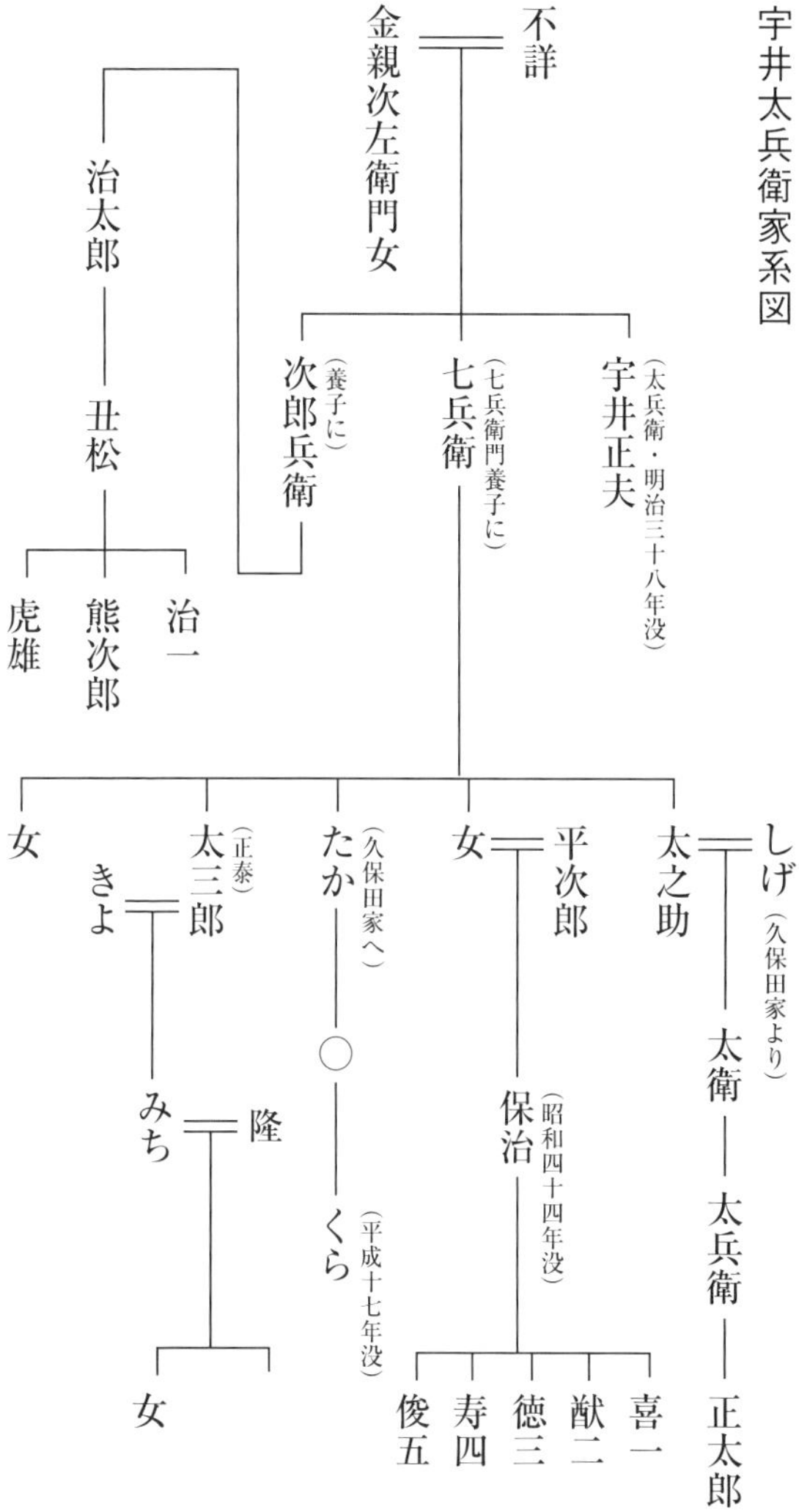

筆者の祖父徳次郎の妻「かの」は越川家より嫁している。

彼女の祖父は、草莽《そうもう》の国学者として平田篤胤の有力な門人の宮負定雄であり、その二男三次郎が越川家に養子として入り、越川七右衛門と名乗り、その四女である。

徳次郎の長男長太郎、さらに子勝良と長兵衛系の宇井家は連綿と継承されている。

勝良は平成十九年十一月十三日、筆者と電話交信中に心不全で残念ながら急逝した。

徳次郎の二男乙治郎には四人の男子がいる。

乙治郎は畳屋職人から甘藷仲買を経て澱粉製造業を興し、終戦前後の甘味不足の時代、大いに繁栄し、その旧宅は、現在でも地元では「府馬御殿」と称されている。四人の子のうち三人は、いずれも医者となり、その子らも医者を継いでいる。

末子の隻平《そうへい》は、三十二歳で佐原市長に当選し、当時全国最年少市長として新聞に報じられた。平成十年六月八日病没した。平成十八年四月、合併で新生した香取市長に隻平の長男成一が当選した。

筆者の父、丑之助は苦学して早稲田大学を卒業、石油販売に従事、傍ら石油事情、ジョン・ラスキン研究などの著作約十冊を著した。平成元年九月二十三日、米寿を迎える直前に没した。

宇井長兵衛家系図（女子名は割愛）

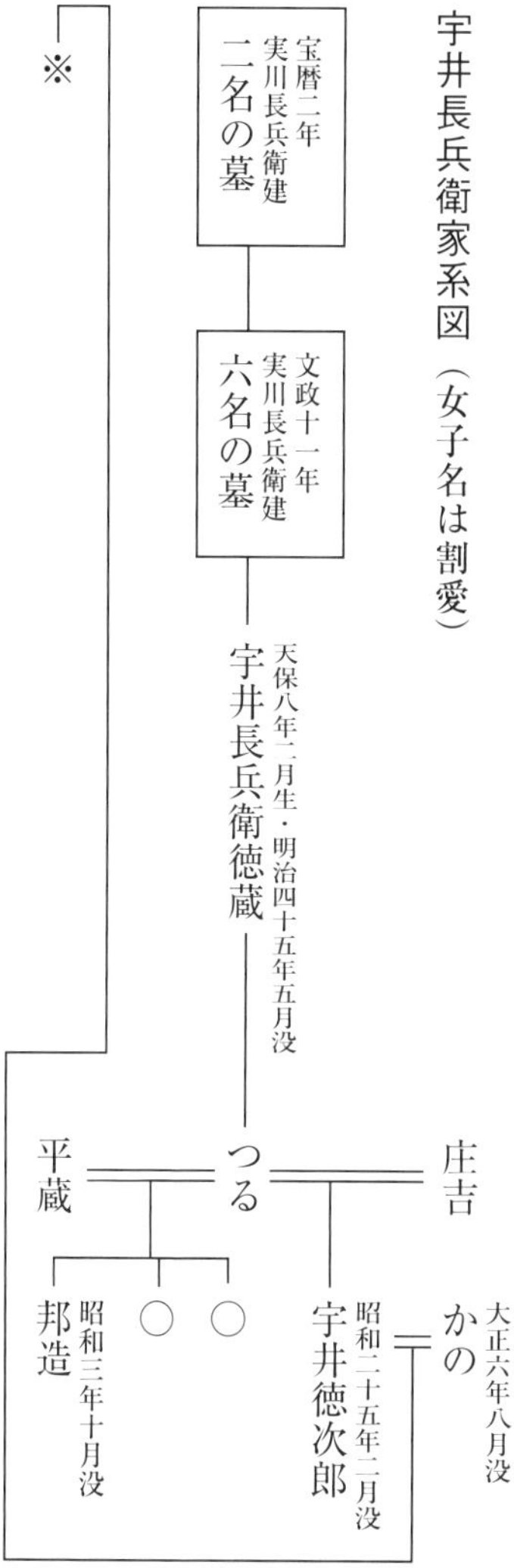

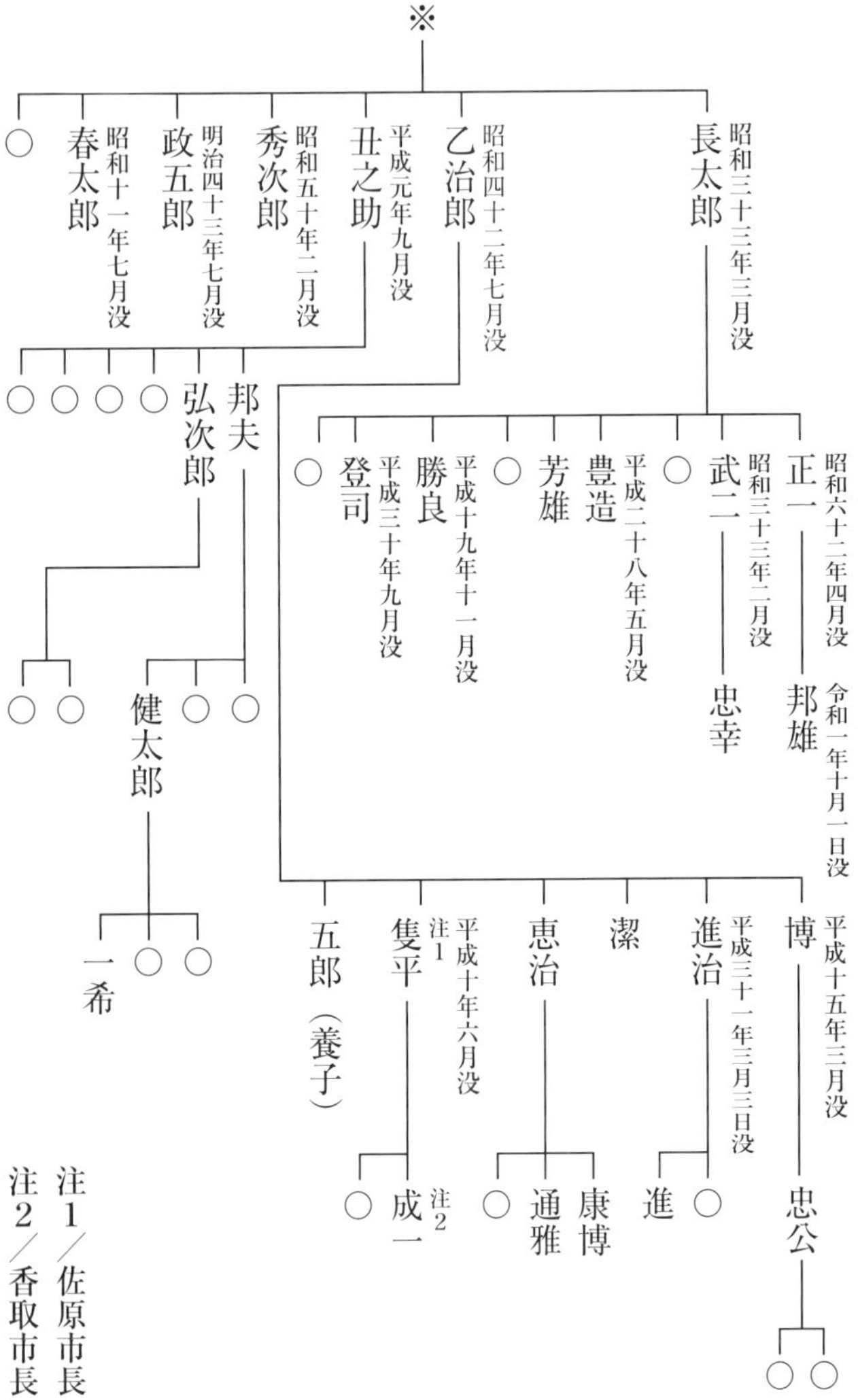
※
長太郎 昭和三十三年三月没
乙治郎 昭和四十二年七月没
丑之助 平成元年九月没
秀次郎 昭和五十年二月没
政五郎 明治四十三年七月没
春太郎 昭和十一年七月没
○
正一 昭和六十二年四月没
邦雄 令和一年十月一日没
武二 昭和三十三年二月没
忠幸
○
豊造 平成二十八年五月没
芳雄
○
勝良 平成十九年十一月没
登司 平成三十年九月没
○
邦夫
弘次郎
○
○
○
○
健太郎
○
○
○
○
一希
○
○
博 平成十五年三月没
忠公
○
○
進治 平成三十一年三月三日没
○
進
潔
恵治
康博
通雅
○
隻平 注1 平成十年六月没
成一 注2
○
五郎（養子）

注1／佐原市長
注2／香取市長

(4) 黒潮の道(Ⅰ)

本章では、神代から近現代までの人間の歴史を中心に展望してきたが、視角を変えて、房総半島の地質と共に、近世における住民や産業の流れに見られる特質について触れたい。本項を記す上では、次に示す二本のNHK・TVが偶然にも放映され、参考になった。

①「ファミリー・ヒストリー・泉ピン子」(二〇一七年一一月八日)。

②「ブラタモリ・銚子」(二〇一九年六月八日)。

東南アジアから台湾東岸をかすめて琉球列島に沿って北上する黒潮は、九州南端からは九州東岸、四国沖、紀伊半島南端を経て房総半島犬吠崎沖で東に流れを転じ北米大陸で南転して南太平洋を経て東南アジアへと循環する大海流である。文明未だ発達する以前、熊野灘沖から伊豆半島石廊崎をかすめ犬吠埼で房総半島に接する区間は、日本人にとって大きな恩恵を蒙っている自然界の現象であった。二~三万年以前、琉球列島沿いに北上した東南アジア系原人が日本人のルーツの一部であるといわれているのも黒潮の流れがあったからのことである（「黒潮に洗われる紀伊、伊豆、房総半島図」章末収載）。

熊野川中流の西敷屋出身の宇井留十郎氏から頂いた書信によると昭和二十八年七月十八日、紀伊半島を襲った大水害で役場の木製本箱が流出し、四〇キロメートルの熊野川を激流にもまれて熊野灘に至り、黒潮の流れに揺られて房総半島の九十九里浜に漂着した。地元役場から西敷屋村役場に処分方法の照会があったとのことであった。同年八月十一日付朝日新聞千葉版には、「紀州水害の流木か」のタイトルで、「紀州水害の流出物と思われる丸太が黒潮に乗って銚子沖三〜四海里に漂流し、銚子港や対岸茨城県波崎港の漁船は毎日のように漁の帰りに拾って来ている。銚子市役所水産課に届出たのは八日現在、僅か二百七十本だが無届けのものは相当に多い。また波崎港で拾ったものは数百万円は下らない……」とあり、流木の旅は三週間で紀伊から銚子を結んでいることを立証している。紀伊半島、伊豆半島、房総半島に共通した地名が多々あることも黒潮を仲立ちとした縁があるのであろう（「紀伊・伊豆・房総半島の地名の酷似」章末収載）。

「ブラタモリ」では、犬吠崎界隈の地質の成立にスポットを当てている。太古、銚子界隈は海底であり、堆積して板状をした砂岩が隆起して島となり、その後、陸地との間に砂が流れ込み陸地化したと説明していた。かつては六キロほど西南の外川漁港が古来の漁港であり、四百年前から紀州人が進出してきて街を作っていた。外川の街には、海岸から直角に多くの道が内陸部に向けて伸びて居り、その道幅は当時の運搬車が通行するのに十分な幅員を持った石畳であった。その道を登った所は台地となった砂地が広けている。特産の鰯を干して干《ほし》鰯《か》の製造所だったのである。江戸時代以降、江戸界隈の大人口を維持するために干鰯は金肥といわれ重要な肥料となった。銚子から九十九里浜は干鰯の主産地として栄え、利根川から江戸川を経て江戸・深川地方が集散地となり、神奈川方面にまで供給されるようになった（「利根川・江戸川の分岐地図」章末収載）。

このことは、自然と他の物資の物流の発展をも伴い、大江戸の発展の一翼を担うことになった。熊野有田からは醤油の製造技術が銚子に到来し、銚子発展の大動力となったことも無視できない（「房総半島北東部要図」章末収載）。

もう一本のTV番組は、女優泉ピン子氏のファミリー・ヒストリーであった。彼女のご先祖は、銚子の女郎屋で江口氏を名乗っていたと伝えられていた。しかし、銚子では何の手掛りも得られなかった。番組の調査の手は、飯岡の玉崎神社に飛んだ。同社の『社地人別御改帳』延亨二年（一七四六）から曽祖父栄助の名と番地まで判明した。ここに居を構えている各戸主の出生地を見ると社地生れ一六名他国生れ一六名と同数であった。玉崎神社の隣りには松沢熊野神社が上陸したと伝えられる三川港もある飯岡地区である。筆者の五代前のご先祖様宮負定雄は『下総名勝図絵』で「飯岡の浜」のタイトルで玉崎神社の絵図を書き遺していた。偶然のことだ。そこから、TVでは「江口栄助」の住宅も特定できていた（宮負定雄著『下総名勝図絵』「飯岡の浜図」章末収載）。蛇足だが、文化十三年（一八一六）、宮負定雄も師と仰ぎ、門人になっていた国学四大人の一人平田篤胤は、同社参拝の折、近くの浜で「石笛」を発見した。長さ四八センチの砂岩の自然石で、現在、この笛は、代々木の平田神社の御神宝として大事に保管されている。全く奇遇である。

番組では、続いて肥料の王様、干鰯の紹介となる。江戸時代中期以降、全国に流通した鰯の肥料は、稲作のみならず木綿、麻、藍、茶、煙草などの増収に貢献していた。鰯を乾燥させた干鰯や、鰯を茹でて搾り固めた「〆粕《しめかす》」は、九十九里浜、銚子、安房など房総半島沿岸が最大の産地であった。これらの物資は、利根川、江戸川経由で江戸深川地区へと舟運で拡散していった。東京下町地区は、こうして発展していった。

泉ピン子氏の祖父熊次郎の生業は不明であるが、干鰯の物流ルートに乗って江戸へ進出したのであろう。ＴＶでは、深川富吉町の「重箱」という鰻屋で修業した。この店は、大正十五年の電話帳にも記載されている。さらに熊次郎の子の礦三郎は東京銀座に移り、「ひさご」という鰻屋を開業した。銀座四丁目四番地においてである。ピン子氏の本籍地でもある。礦三郎は、浪曲師としても有名で、広沢虎造門下で広沢竜造を名乗っていた。今の銀座の中心地和光や教文館の裏通りである。

三川浦から一心発起、江戸を目指した江口氏一家は、熊次郎→礦三郎の二代に亘っての苦労の末に銀座に進出して店を構えるに至るという出世物語を生むような土地柄が裏面史としてあった。

紀州を熊野神と共に発進して、下総に定着した宇井氏の先達の一千年に亘る歴史を立証する証拠は殆どないが、ファミリー・ヒストリーを構成してみた次第である。

(5) 黒潮の道（Ⅱ）

これまでの記述は、すべてタテ系列であった。先祖代々、親子○○代といった方式であった。本項では、ヨコ系列の例を示したい。

一六〇三年、徳川家康は征夷大将軍となり、江戸幕府を開いたことで江戸開拓史も始まる。江戸城を中心とする陸地部は諸大名の上屋敷で囲まれ、消費必需品の調達はその外周域に頼らなければならなかった。隅田川西岸域は舟運による地方からの移入物資の揚陸地となり、大型倉庫群が林立し、日本橋界隈は問屋街として商業の中心地となった。隅田川の東岸は葦茂る低湿地が徐々に都市化して、流通の経由地として浅草、深川などを中心とする江東地区が振興するようになる。江戸の下町とも呼ばれる。明治維新以後の近代日本の発展に、下町の商工業の力は格段の威力を発揮した。しかし、発展一途ではなかった。

大正十二年（一九二三）九月一日の関東大震災の被害は下町に集中した。さらに昭和二十年（一九四五）三月十日には、米軍の大空襲により焦土と化してしまう災禍に遭遇している。不死身の下町は復興している。そうした力強い下町を支えたのは、下町周辺部の農村部であった。当時の農山村の生活は決して豊かなものではなく、むしろ疲弊状態にあったので、二男三男は口減らしのため養子に出るとか出稼ぎと称して下町地方に集中した。房総半島は、そうした労力の供給源として最も地の利を得ていた。鉄道を見ても総武本線と同成田廻りが両国駅発銚子駅のループを画いていた。距離も一〇〇キロ足らずであった。筆者の父宇井丑之助も勉学の途を選んで上京したが、以後一日も帰郷することなくサラリーマン生活をしていたが、同好の士で結成した「府馬同郷会」を彼の回顧録『仰光録』から引用してみたい。

大正十年（一九二一）夏休みに、在京中の宇井丑之助、猿田雅巳、飯島義平の三氏と当時の府馬小学校長の鈴木保司先生同席で協議し、府馬の金持連中は余り教育に考慮を払わないのに義奮を感じ、この傾向を是正しようとの微意が一致して「府馬同郷会」が発足した。その後、府馬の寺の修徳院を出奔して、後に上野寛永寺の輪番大僧正となる今井祐申氏の来訪があり、その縁で府馬同郷会第一回会合は寛永寺で行なわれた。以後、何回か会合は開かれたが、宇井の地方転勤などで中断し、戦後再興された。二松学舎学長の那智佐典先生を名誉会長に、調布・布田の多摩川病院長の時崎義夫先生を会長、鈴木保司元校長を顧問、実務は宇井、猿田雅巳氏が分担し、萱谷竹次郎氏を起用し、府馬小学校の在京者名簿で出席を呼びかけ、次第に盛会になった。その後、時崎会長の急死で、宇井が会長に選出され、昭和五十六年には、再開二十五周年を記念し郷里府馬中学校で同郷会を開催した。この時、原宿の金親豊司氏は百万円の寄附を申出られた。宇井は老齢を理由に会長を萱谷竹次郎氏に引継いだ。

このように、千葉県香取郡府馬村から志を抱いて東京へ上京した一群の人々が時を経て相集うというヨコ型の民族移動の一端を紹介した。同郷会はメンバーの高齢化、代替りなどで休止状態になってしまったのは残念であるが、送出元も人口減少で過疎の町となって「府馬同郷会」碑だけが府馬小学校にひっそりと建てられている。この地は、終戦直後に新制学制の施行に当たり、丑之助の兄宇井乙治郎が校舎を建てて土地と共に寄付した縁のある所でもあった（「府馬同郷会記念碑と著者の父・丑之助」章末収載）。

蛇足ながら、筆者は、昭和十五〜十九年に錦糸町二丁目に住んでいた。戦災直前である。周辺には駄菓子屋が何軒かあり、宇井姓の家が何軒かあった。向いの家は飴玉作りの宇井さんだった。隣りは空ビン回収業の宇井さんだった。出身地の確認はしなかったが、房総からの出であろう。

県別宇井名義電話登録台数と熊野神社登録数表

県名	宇井名義電話登録数	熊野神社登録数	県名	宇井名義電話登録数	熊野神社登録数
北海道	58	3	京都	5	38
青森	0	59	大阪	102	1
岩手	1	46	兵庫	40	73
宮城	12	65	奈良	26	11
秋田	0	53	和歌山	151	11
山形	49	115	鳥取	2	4
福島	58	266	島根	0	13
茨城	26	66	岡山	0	34
栃木	42	37	広島	7	26
群馬	7	26	山口	1	14
埼玉	56	37	徳島	2	16
千葉	652	226	香川	2	14
東京	206	59	愛媛	5	22
神奈川	102	48	高知	0	48
新潟	1	127	福岡	8	96
富山	7	64	佐賀	1	33
石川	3	16	長崎	0	41
福井	2	38	熊本	0	63
山梨	2	53	大分	0	58
長野	18	46	宮崎	1	16
岐阜	12	72	鹿児島	4	35
静岡	17	80	沖縄	2	0
愛知	92	89	合計	1798	2370
三重	11	1		NTT電話帳による	『全国神社名鑑』による神社本庁登録数
滋賀	5	11			

宇井氏の集中している市町村

No.	市町村名（統合以前）	戸　数	
		宇井寛治調	宇井邦天調
1	千葉県　香取郡　多古町	74	77
2	〃　〃　山田町	36	44
3	〃　〃　東庄町	17	17
4	〃　〃　大栄町	8	
5	〃　〃　干潟町	6	
6	〃　〃　小見川町	5	
7	〃　〃　栗源町	5	
8	〃　匝瑳郡　野栄町	67	72
9	〃　〃　八日市場町		52
10	〃　〃　光町	12	
11	〃　山武郡　横芝町	26	
12	〃　〃　芝山町	18	
13	〃　〃　山武町	9	
14	〃　〃　成東町	6	
15	〃　〃　松尾町	6	
16	〃　印旛郡　富里町	8	
17	〃　千葉市		60
18	旭市		45
19	船橋市		26
20	愛知県　東加茂郡足助町	62	
21	〃　宝飯郡　御津町	12	
22	〃　東加茂郡旭町笹戸	3	
23	〃　〃　旭町小渡※	5	
24	和歌山県新宮市	42	
25	〃　田辺市	22	
26	〃　東牟婁郡熊野川町	19	
27	〃　〃　那智勝浦町	9	
28	三重県　南牟婁郡御浜町	21	
29	〃　〃　紀宝町	14	
30	栃木県　芳賀郡　市貝町羽仏	7	
31	山形県　寒河江市六供町	7	
	※鵜居姓		

宇井名義電話登録千葉県詳図〈652 件〉

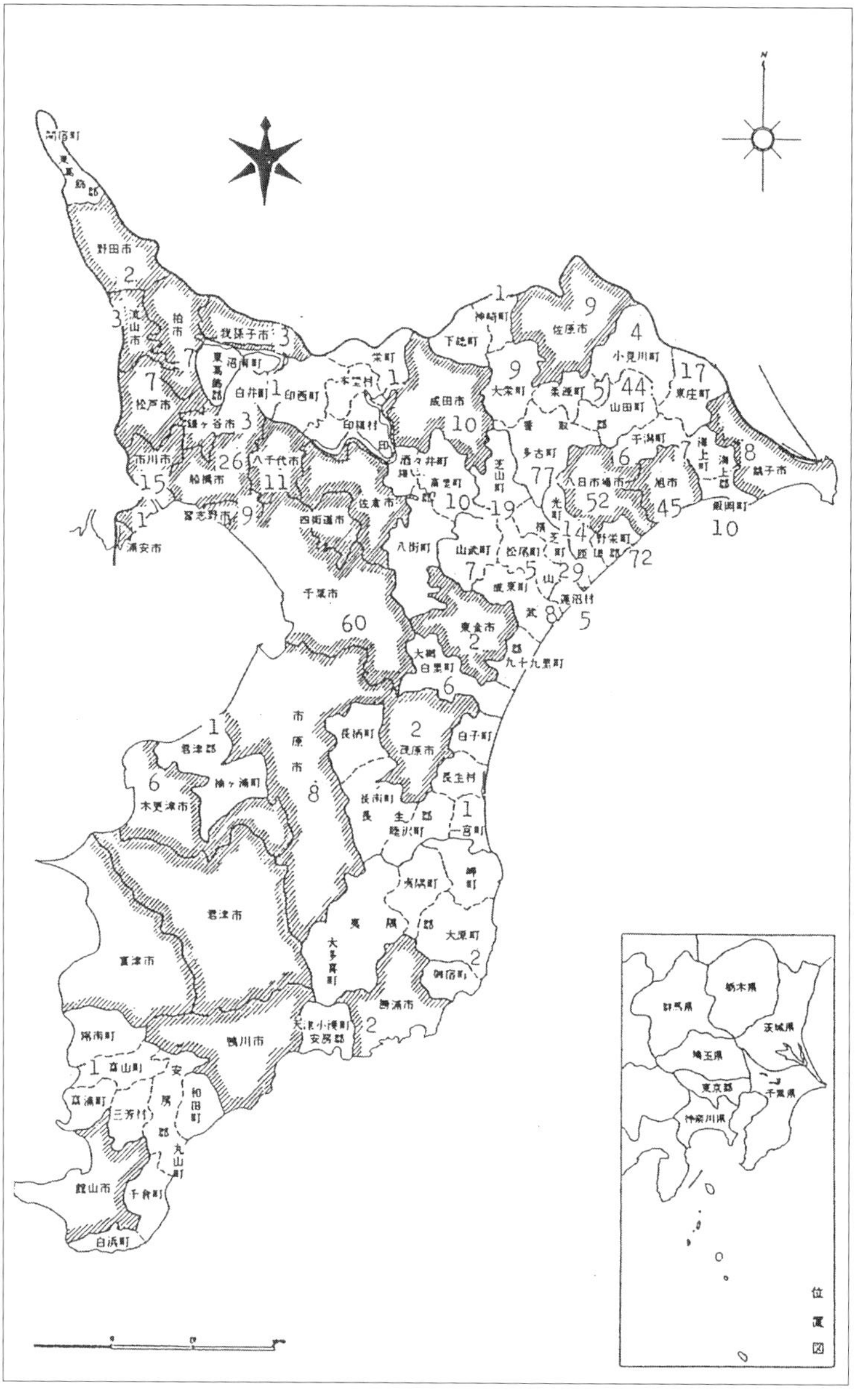

宇井一族の熊野三山参拝を報じる紀南新聞

宇井一族など先祖の地へ

熊野三山を参拝 千葉県の熊野神社の氏子

千葉県香取郡干潟（ひかた）町の熊野神社の氏子ら二十二人が十六日、先祖の地である熊野三山を訪れ、速玉大社と那智大社を参拝。十七日には本宮大社にも参拝する。

一行は「宇井」姓の人たちが中心で、二十三歳から七十七歳までの男女。親族の中に、房総地方と熊野地方との関係に詳しい人がいたが、昨年死去。この人から「熊野三山を参拝する旅をしてはどうか」と常々言われていたという。「ようやく時宜を得た」と判断し、親族が声を掛け合い、「熊野神社と宇井氏の系譜を辿（たど）る旅」と題して訪れた。

速玉大社には午前九時半に到着し、参拝。拝殿で神職から大社の説明を聞き、御神酒を受けた。このあと神倉神社を参拝し、那智山にも参拝。夕方には新宮に戻り、御船祭も見物した。

干潟町の熊野神社は、約千年前の天暦九年（九五五年）に鎮座。それより先の大同元年（八〇六年）に熊野三山から神霊を勧請して、九十九里の三川浦（飯岡町）にあったが、御神託で内陸部の現在地に移ったという。

【熊野速玉大社で神職から説明を聞く
「熊野神社と宇井氏の系譜を辿る旅」の一行】

今回訪れた宇井姓の人たちの先祖は、伝承されている系図には「本宮神職也」となっているという。一行には、那智姓の人もおり、「天暦九年紀州から下総に移る」と記されているという。宇井、那智の両家は、幕末期には干潟町の熊野神社の神主を務めていたとの記録もある。

一行の中には、現職の同神社神職、宮負（みやおい）克已氏（六六）もおり、同氏の先祖は、熊野から下総に移る際、お宮を背負ったことから「宮負」の姓がついたという。

「宇井」など熊野三党として有名な姓は、房総半島の中でも特に香取郡に多いという。一行が電話帳で調べたところによると、宇井姓は、全国で約千八百件しかない数少ない姓で、このうち千葉県が六百五十二件で一位、二位が東京都、三位が和歌山県（一一六件）となっており、「千葉県と和歌山県の関係の深さが分かる」と語った。

ミュージカルポスター

ミュージカル
天《あめ》の剣《つるぎ》を託された男
熊野三党の祖　高倉下命　たかくらじのみこと
日時：平成28年2月14日（日）
場所：新宮市民会館　大ホール
■ 一部　開演　17：00
■ 二部　開演　18：30
主催　新宮ライオンズクラブ
後援　新宮市　新宮市教育委員会　新宮商工会議所　新宮市観光協会

千葉県山田町三地区に於ける著姓表

順位	八都地区	府馬地区	山倉地区	山田町（計）
1	高岡 63	萱谷 89	木内 118	林 160
2	竹蓋 54	鎌形 43	林 118	木内 149
3	萱谷 48	鈴木 40	長嶋 48	萱谷 141
4	高木 40	高木 30	玉造 40	高木 87
5	岩立 35	宇井 29	日下部 35	鈴木 77
6	鈴木 34	林 20	木村 34	高岡 67
7	平野 31	行方 18	石毛 32	竹蓋 58
8	萱井 29	飯島 16	越川 32	日下部 54
9	木内 26	細野 16	髙橋 31	長嶋 52
10	高野 24	越川 15	石田 27	鎌形 47
				宇井 43

九曜紋

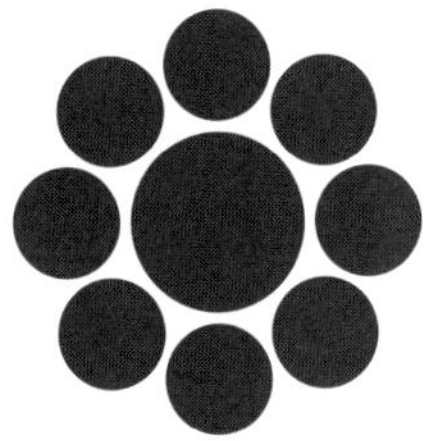

千葉県山田町の主要家紋と宇井氏の家紋表

順位	家紋名	軒数	八都地区	府馬地区	山倉地区
1	鷹の羽	232			宇井 1
2	丸に橘	169			
3	九曜	156	宇井 5	宇井 19	宇井 2
4	丸に近い鷹の羽	117	宇井 1		
5	横木瓜	115		宇井 1	
6	下り藤	110			
7	抱き茗荷	87			
8	橘	84			
9	丸に鷹の羽	79			宇井 1
10	丸に二引	77			
24	丸に九曜	21	宇井 1		
146種	合計	2260	7	20	4

黒潮に洗われる紀伊、伊豆、房総半島図

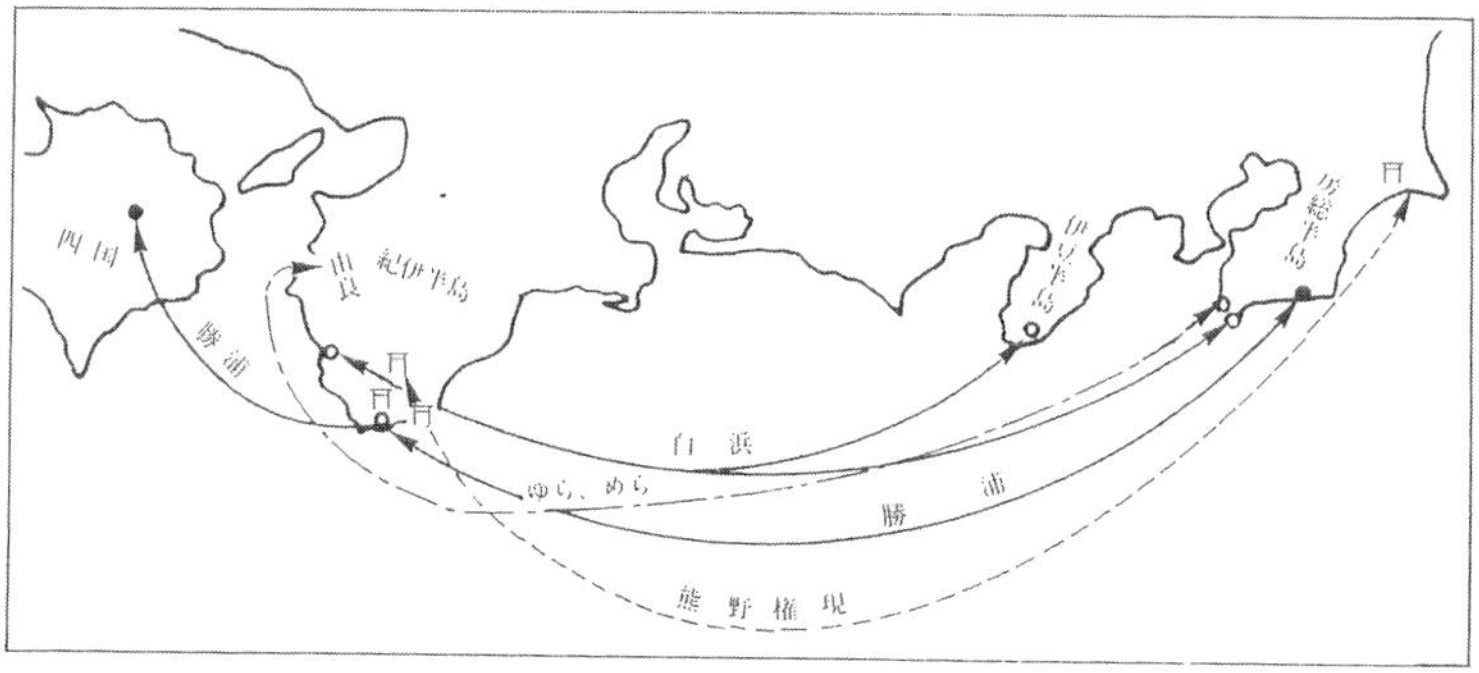

紀伊・伊豆・房総半島の地名の酷似

白浜	千葉県安房郡白浜町 静岡県賀茂郡白浜村 和歌山県西牟婁郡白浜町
田子	千葉県安房郡鋸南町田子 静岡県賀茂郡田子村 和歌山県西牟婁郡栗栖川村石船
布良	千葉県館山市布良 和歌山県日高郡由良町
勝浦	千葉県勝浦市 和歌山県東牟婁郡勝浦町 徳島県勝浦郡勝浦町
目良	静岡県賀茂郡三浜町妻良 和歌山県田辺市目良

利根川・江戸川の分岐地図

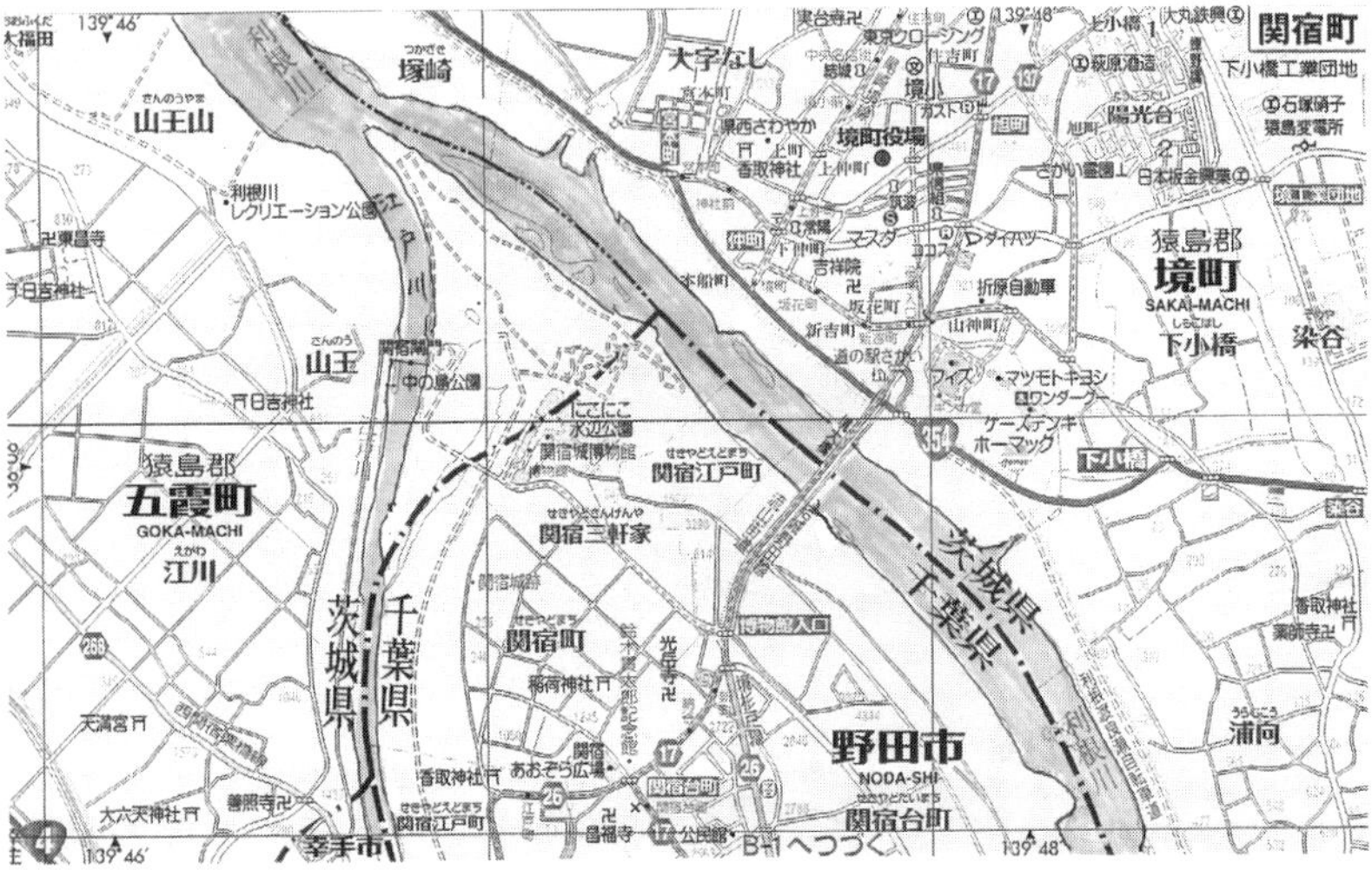

房総半島北東部要図

潮来市
鹿嶋市
香取市
神栖市
東庄町
千葉県
多古町
旭市
匝瑳市
銚子市
横芝光町
仁良
府馬
松沢
クマノ社
玉崎
神社
三川浦
外川
佐原PA
小見川城山公園(桜・つつじ)
水郷小見川少年自然の家
良文貝塚
東庄県民の森
道の駅多古あじさい館
飯高寺(飯高檀林跡)
ふれあいパーク八日市場
かんぽの宿旭九十九里温泉
屏風ヶ浦
刑部岬
銚子ポートタワー
ウォッセ21
犬吠埼灯台
34km 佐倉
銚子 30km
太平洋

宮負定雄著『下総名勝図絵』「飯岡の浜図」

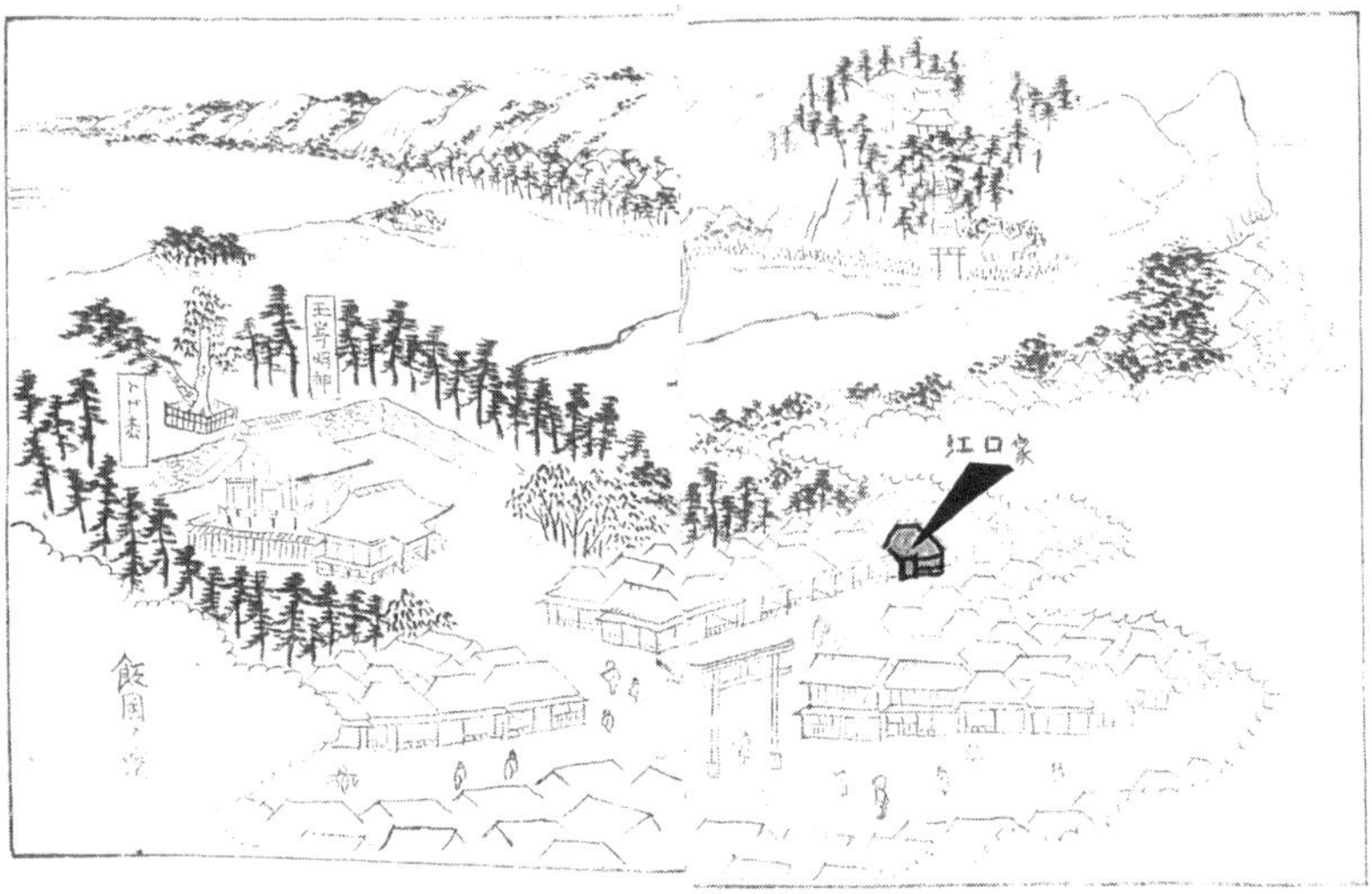

府馬同好会記念碑と著者の父・丑之助

第十章　宇井氏の伝播

(1)　総論

これまで日本列島への人類の渡来を含めて日本文化と日本人の起源を展望してきた。その中から宇井氏を名乗る氏族の発展も見られ、二〇〇〇年が経過して今日に至って来た。しかし、決して多数を誇ることはできない。一方、三兄弟の一人だった鈴木氏は、日本第二の多数を有し、主に近畿以東に多く分布している。宇井氏の分布の実態は第九章で触れた。宇井姓を名乗る人は、全国で約六〇〇〇人であると推定される。その分布は、千葉県を中心とする関東の一都四県に過半数が集中し、紀伊半島と近畿地方がこれに次いでいる。これらの事実は、日本の中でも極めて局限化された分布であるといわざるを得ない。このため、現存する伝承資料も豊かとはいえない。埋没資料の有無も不明である。幸い筆者や岡崎市の宇井寛治氏の調査に応じて資料提供をして下さった宇井姓諸家の方々には深く御礼申し上げなければならない。頂いた情報で、思いがけない縁故が解明された例もある。本章では、そうした諸情報を採録してみたい。なお、文中の地名は資料のままとし、合併等による変更は修正しないままとした点ご了解頂きたい。

(2) 千葉県

千葉県香取郡では、九章の表で合計百五十一戸がリストアップされている。九十九里浜と利根川に挟まれた一帯で、山田町、小見川町、栗源町は佐原市と合併して平成十八年三月香取市になった。光町と横芝町は成田空港に隣接している。このような地域一帯に全国最多の宇井姓が見られる。千年の昔、紀州から新天地を求めて九十九里浜に到来したという熊野神に随行して来た神職らが開拓、繁栄して行ったのが、この地方の宇井氏となっていったものと考えられる。また、早くから存在した熊野の荘園も房総の下総に多く、これらを通しての熊野と房州との交流も少なくなかったと思える。一九八二年刊の『山田町史』では、町内の氏姓調査をしている。町内の宇井氏は四十三戸であるが、その中の二十九戸が府馬《ふま》地区に集中している。筆者の父の出身地でもある。筆者の調査では、千葉県では多古町七十七戸、野栄町七十二戸、千葉市六十戸、八日市場町五十二戸、旭市四十五戸、山田町四十四戸、横芝町二十九戸、船橋市二十六戸、芝山町十九戸、東庄町十七戸が上位十カ市町である。

筆者は、紀州人がこれらの地域、九十九里浜または、この附近に上陸して、次第に房総半島内陸部に進展していったことを示しているものと理解している。ここで、何故、九十九里浜かを考えてみたい。紀伊半島南端沖を北上する黒潮は、伊豆半島南端沖を経て九十九里浜・銚子沖に流れ、やがて東進してハワイ方向に向う。紀伊半島西岸、伊豆半島、房総半島では、白浜、田子、布良《ら》、勝浦、目良《めら》など伊豆半島と同様の地名が共通して見られる。また、醤油の製造法、漁法などの文化が紀州から房総に伝来している。筆者はこれを「黒潮の道」と呼んでいる。

筆者の『宇井さんの歴史』を読まれた埼玉県志木市の宇井健市氏からは次の文章を寄せて頂いた。

私より五代前が、千葉県匝瑳郡飯倉村今泉（現・野栄町）の漁師・師岡茂左衛門と墓石にあり、この次男の紋四郎が香取郡多古町の宇井家に養子に入り、その四代後が私（健市氏）ということになり。（以下略）

(3) 愛知県

愛知県東加茂郡足助《あすけ》町には六十二戸を数える宇井氏の大拠点がある。前出の宇井寛治氏の生地である。同氏がまとめたものから引用したい（私信）。

寛治氏は、愛知県東加茂郡阿摺《あすり》村（現・足助町大字月原《わちばら》）で生れた。かつて西三河に入った熊野の人の一部が矢作《やはぎ》川を上って月原に熊野の神を勧請し、月原と周辺の村に居ついたのではないか。その年代は、平安時代末期の一〇五四〜一一八五年の頃、宝飯《ほい》郡御津《みと》町の佐脇神社の創立の頃ではないか。その頃に、碧南市の熊野神社の上の宮と下の宮も勧請されたらしい。『碧南市史』によると、熊野神社（上の宮・大浜字那知鎮座）は天喜二年（一〇五四）の創立で、旧記によると、陸奥守源頼義が東征の際に、尾張国野間村を経て奈良尾村（今の成岩と思われる）へ向って航海中に大風で船が転覆しようとした。その時、白衣の老翁が現われ、船の航海を守護したので、無事に大浜へ上陸できた。頼義は、これこそ紀州熊野権現の神霊であるとして、これを勧請して社殿を創建した。やがて東国の賊を平定し、その功で伊予守に任ぜられ、再び社殿を造営して大きくした。

大浜熊野大神社（下の宮・大浜字下宮後鎮座）は、伊弉冊尊、速玉男命、事解男命を祀り、仁安二年（一一六七）の創立である。

縁起によると、仁安三年（一一六八）、紀州から長田氏が勧請したと伝えられる。

宇井寛治氏は、足助町の集落ごとの宇井氏の実数を調べ、月原三十五戸中十二戸、渡合十三戸中八戸、実栗十八戸中十二戸、北小田十五戸中八戸、その他集落十八戸が宇井姓であると指摘し、過半数の村人が同姓である。

『足助町誌』は「足助鈴木氏」という一項を記している。

足助周辺の小土豪を押えて、戦国時代この地方を領有した足助鈴木氏は、西三河の山間部一帯に勢力を伸ばした三河鈴木氏の一統である。（中略）全国各地の鈴木氏は、原因は不明であるが、その先祖が源義経と関係のある伝承をもつものの多いことが知られている。（中略）

三河鈴木の先祖は鈴木善阿弥といい、紀州熊野、藤白の荘家の家に生れ、源義経の家来であった。義経が鞍馬山にあった時、義経と対面し主従の契をした。（中略）義経が木曽義仲追討の大将として都に攻め入った時、善阿弥は脚の病で進退心に任せず、自分が養育した甥二人を遣した。鈴木三郎重家と亀井六郎重清である。義経が兄頼朝に追われて奥州落ちの時、重家・重清両名は義経に従った。善阿弥も後を追ったが、脚の病で矢作（岡崎市）に逗留して、療養することとなった。後に義経没落と聞き、今はこれまでと矢並《やなみ》（豊田市）に入って土着した。（中略）

善阿弥に関する伝承の真偽は別として、町内には、鈴木と同様に熊野の神官であるとする宇井姓や榎本姓があり、熊野神社や熊野権現を合祀する神社の多いことなどからして、熊野権現勧請のため、移住してきた者であったのではないかと考えられる。宇井氏の資料として前出の「亀井家譜」（津和野藩主）があるのは亀井重清が縁であったということも理解できる。

(4)　愛知県御津

愛知県宝飯郡御津町は、参河宇井氏の本拠のようである。『御津歴史散歩』「佐脇神社」の項には、次のようにある。

この神社は、かつて熊野権現社と称していたが、明治維新以後佐脇《さわき》神社と改称された。祭神は伊弉冊尊、速玉男命、事解男命である。平安時代の末ごろ、熊野より本宮、新宮、那智の熊野三山の神々を奉じた人々が西三河に入り、各地に分社を創立した。そのうちの一部の人は東三河に入り、下佐脇に熊野本宮の神々のうち伊弉冊尊、速玉男命、事解男命を祭神とした熊野権現社を創建した。ここを根拠にして熊野の神々を四方に宣伝し、その勢力を拡張し、渥美地方にまで及んだ。

下佐脇に定着した熊野の人は、生田《しょうだ》、榎本、宇井、鈴木の四氏で「佐脇の四姓」と呼ばれている。生田氏は、かつては鈴木一族であったが、下佐脇に移る以前、額田郡生田村（岡崎市美合町）に熊野社を創り、鈴木氏が神主になり、やがて下佐脇に移った鈴木氏が姓を改めて生田を名乗った。

このような熊野神の重要拠点であった佐脇神社と佐脇荘の関係について、太田亮氏は『神社を中心としたる宝飯郡史』で次のように推測している。

佐脇庄の起源詳かならざれど、産土神は熊野神にして熊野族なる生田、榎本、宇井、鈴木を佐脇の四姓と称するを見れば、熊野山と極めて密接なる関係ありしを知るべく、或は、熊野に属せし庄園か、熊野族が庄司、地頭たりし地にあらざりしかを思はしむ。次の如き伝説を伝ふ。

当村ハ熊野本宮ニ初穂を献納スルコト恒例タリシガ、彼ノ国ノ山伏共年々初穂米徴収ニ来リ、始メハ一人二人ナリシガ年ヲ追フニツレテ人増シ、其ノ督促亦甚ダ急ナリ、村民大イニ困憊シ、遂ニ騒擾ニ及ビ、彼等七十余人ノ山伏共ヲ討殺シ、田圃又ハ村界等ニ埋ム。（以下略）ト、熊野山庄園タリシ名残ニアラズヤ。

宇井姓の調査で多大の尽力を頂き、全国にアンケートを発し、得られた資料をコピーして頂いた功労者の岡崎市在住の宇井寛治氏は、昭和十六年生れ、東海銀行に勤められた方である。愛知県東加茂郡足助町大字月原の出身で、ここも宇井氏の大きな巣のような地である。氏の出身地は、かつて阿摺村大字月原と呼んでいた。月原は「わちばら」と読む。大漢和辞典（大修館刊）には難訓例として出ている。長野県上水内郡柏原の明専寺縁起によると貞応二未年正月「三河国賀茂郡月原（ぐわちはら）村に創設す」とある。貞応二年とは、一二二三年に当たる。西三河に入った熊野人の一部が矢作川を遡り、月原に熊野神を勧請し、その時期は、佐脇神社と同じ平安末期の頃と思われる。足助町には、宇井姓は六十二件と多数が検出される。

宇井寛治さんからは、愛知県東加茂郡旭町笹戸の宇井儀一氏作成の系図の送付を頂いた。延宝からの四〇〇年間十三代に亘る詳細なものであるが、その一部を引用させて頂く。「この系図の冒頭には、紀州新宮にて、平時は百姓、木こり、木材流しをす。祖先は清和天皇を祖とする源清隆に従い源氏一族に加えらる。平井氏の下に代々仕え、宇井と称し、有事にあっては水軍ともなる。笹戸定住七人の一人で、世に笹戸七屋敷と言わる」。

笹戸・宇井佐々衛門家系図

初代・延宝五年十一月二十三日没 宇井佐々衛門 ＝ かめ 元禄十六年没

二代目・享保十九年十一月十四日没 佐々衛門 ＝ 享保十七年没 釈妙連信女

三代目（長女）・元文元年没 霜龍禅宗尼 ／ 女 ／ 女

霜龍禅宗尼 ― 四代目・宝暦二年没 釈尼妙啓

五代目・天明七年四月十六日没 佐々衛門 ― 六代目・寛政六年四月四日没 儀右衛門 ― 七代目・文化十二年四月二十二日没 仙之助 ― 八代目・安政四年五月三十日没 藤十（梅沢の川原に移居）― ※

※ ─ 九代目・元治元年十二月十五日没 久和吉 ── 十代目・大正十二年十二月十一日没 佐七 ── 十一代目・明治十八年十一月八日生 竹次郎 ── 十二代目・昭和六十年九月十三日没 利一 ── 十三代目・大正十四年七月十日生 ミチ子

※いずれも法名・本名　多くの子女の記入あるも割愛した

愛知県宝飯郡御津町下佐脇在住の鈴木宣夫氏からは、貴重な情報をもたらして下さった。主として鈴木氏に関するものであったが、宇井、榎本にも言及されていた。

前出の善阿弥も木曽義仲追討の源義経の後を追ったが、矢作（岡崎市）に逗留して療養することになり、やがて義経没落の報に接し、矢並《やなみ》（豊田市）に入り土着した。善阿弥の墓は矢並の医王寺にあり、三河鈴木の祖とされている。町内には、鈴木と同様に熊野の神官であるとする宇井姓や榎本姓があり、熊野権現勧請のために移住してきた者もあったのであろう。

足助に入った鈴木氏については、初代は矢並の鈴木左京進重勝の子、忠親とされ、文明年間（一四六九〜八七）の人とされている。

『御津町史』によると下佐脇宮本に鎮座する佐脇神社は、明治維新まで熊野権現社と称し、平安末期ごろに東三河に入ったようである。下佐脇に定着した熊野人は生田、榎本、宇井、鈴木の四氏で、生田氏は鈴木氏から分派したもので、「佐脇の四姓」と呼ばれた。鈴木氏は、下佐脇に移る前、額田郡生田村（岡崎市美合町）に熊野社を創り、神主となった。やがて下佐脇に移った鈴木氏は生田村の名をとり、生田姓を名乗るに至った。佐脇神社の五社宮に残る棟札は、寛永元年（一六二四）から十二枚が遺存しているが、延宝五年（一六七七）には、庄屋宇井六左衛門包道の名が記されている。また、富士社の棟札には、貞享五年（一六八八）庄屋宇井六左衛門包道、文政九年（一八二六）庄屋宇井善五左衛門常貞の名が遺されている。

この「宇井六左衛門包道」は、二〇一一頁所掲の「小山市常光寺系宇井氏系図」の五代目の「六左衛門包通」と時代的には譜合するものがあり、常光寺系は三河の分派であるとの伝承を証するものかも知れない。

鈴木氏からは、貴重な資料の送付を頂き、その中には、「下佐脇・郷中」の住宅地図も含まれていた。そこには一ページの中に宇井姓十戸、鈴木姓十戸、榎本姓三戸が集中していた。

(5) 華麗なる学者一族

印度哲学の研究で第一回文化勲章を授与された宇井伯寿も当地の出身である。多くの人名録に見える所であるが、家系的資料は皆無であった。また、宇井理生さんの名も薬学の大家として現代の人名録に出ているが、その家系については不明のままであった。本書をまとめる上で、この両氏について解決しなければ片手落ちのそしりを免れない。何度かのアプローチの結果、宇井理生先生と電話で連絡がとれ、お二方は親子であることが確認でき、同時にインターネットのフリー百科事典『ウィキペディア』に「新・未知への群像」が掲載されているとの御教示を頂いた。これをベースに、この項をまとめたい。

宇井伯寿は、明治十五年六月一日、愛知県宝飯郡下佐脇村（現・御津町）に生まれた。父は六歳の時に亡くなり、十二歳の時、東漸寺という曹洞宗の寺に小僧として入った。幼名茂七から得度して伯寿と改めた。小学校では、抜群の成績で和尚の眼に叶い、寺の資金で旧制一高から東京帝大印度哲学科まで卒業した。この後、大学院に進む傍、曹洞宗第一中学林（現世田谷学園中・高校）、曹洞宗大学（現・駒沢大学）講師を務め、大正二年から同六年迄、曹洞宗海外留学生としてドイツ・チュービンゲン大学、イギリス・オックスフォード大学に学んだ。大正八年、東京帝大講師、同十二年東北帝大教授、昭和五年、東京帝大教授となり、翌六年には、『印度哲学研究』全六巻三五〇〇頁の労作で帝国学士院賞を受賞した。同二十年、帝国学士院会員に選ばれ、同二十八年に文化勲章を受けた。昭和十六年には駒澤大学学長に曹洞宗本庁より任命されたが、教育方針が宗門幹部の受入れるところとならず、半年で辞表を提出、宗門も離脱した。昭和三十八年七月十四日、鎌倉の自宅で没した。八十歳。その生涯は、超俗的で、頑固な生活信条で、僧侶の社会を非常に嫌ったと宇井理生氏は総括している。

伯寿には、五男一女の六人の子がいる。女性は三歳で夭逝している。長男格《ただ》生《お》、二男信生、三男昌生、四男治生《はるお》、五男理生《みちお》であり、いずれも「生《お》」をつけている。

長男格生は、北海道大学農学部長で定年退官。専ら植物病理学を専攻・研究し、日本植物病理学会賞を昭和四十八年に受賞している。

二男信生は、東大理学部化学科卒。東大輻射線化学研究所、理工学研究所を経て昭和三十二年、群馬大学医学部内分泌研究施設教授となる。甲状腺ホルモン含有蛋白であるケログロブリン研究の第一人者である。

三男昌生については資料が入手できず、割愛する。

四男治生は、広島大学物理学科教授で、素物性論が専攻である。

五男理生は、東大に入り、薬化学を専攻した。

北海道大学薬学部教授、東京大学薬学部教授（共に名誉教授）、理化学研究所特別招聘研究員、徳島文理大香川薬学部長などを歴任し、現在、東京都臨床医学総合研究所名誉所長を務められている。

百日咳毒素の発見によりＧＴＰ結合蛋白質を解明し、平成前期頃、ノーベル賞に一番近い日本人とマスコミに書かれたこともある。

平成三年には、日本学士院賞に選ばれ、親子二代の連続受賞の快挙である。

平成三十年、文化功労賞。

理生氏の学問的自伝は「新・未知への群像」に詳しい。

宇井伯寿略系図

帝国学士院賞受く
印度哲学者・文化勲章受く
宇井伯寿
明治十五年六月一日～
昭和三十八年七月十四日

- 大正八年十一月十五日～平成三年十二月二十五日
  長男・**格生**　北海道大学名誉教授
- 大正十二年七月三日～?
  二男・**信生**　群馬大学教授
- 三男・**昌生**
- 昭和五年～
  四男・**治生**　広島大学教授
- 昭和八年二月二十日～
  五男・**理生**　日本学士院賞受く

(6)　和歌山県新宮市

和歌山県新宮市には四十二件ある。

熊野川河口西岸に市域は拡がり、水野氏の城下町、熊野詣の中心であり、熊野速玉大社の鎮座地でもある。最近、町村合併で、熊野川を約四〇キロ上流に遡った付近にある東牟婁郡熊野川町も新宮市となった。ここで十九件を数えるので、新宮市の宇井氏は六十一件となる。熊野川町には「西敷屋」という集落がある。そこには十六戸の宇井家が見られる。筆者もお会いしたことのある宇井一郎氏によると、同氏は西敷屋の出身で、同家の祖先「宇井一統の墓」が宗福寺の墓地にあり、約五〇〇年前のものとのことであった。前記した九十九里浜まで大水害の水や黒潮にもまれていった役場の本箱も、同地を出発していたのだ。

岡崎市の宇井寛治さんは埼玉県富士見市在住の宇井聖氏と交流が生まれ、同氏作成の系図をもたらして下さった。なんと聖氏は宇井一郎さんの養子であった。この系図も大水害で大部分失われ、明治以降しか記されていないのは残念である。

蛇足にはなるが、瀞《どろ》峡観光で有名な志古《しこ》でタクシーを呼んだところ、現れたタクシーには運転手「宇井昭二」の名札が掛けられていた。なんとも奇遇である。

西敷屋・宇井吉五郎家系図

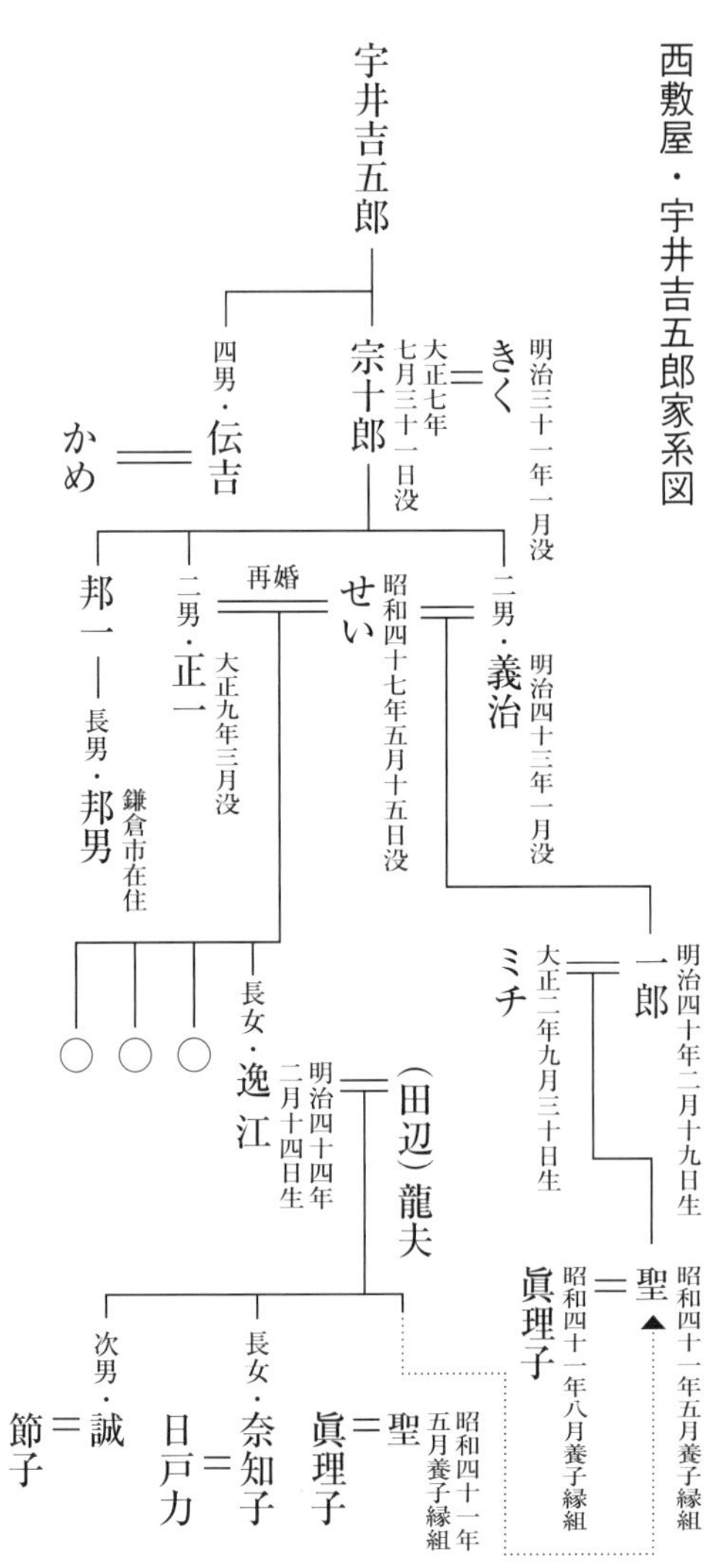

(7) 熊野速玉大社神官家

さて、熊野速玉大社の神主は、大正期まで宇井氏が世襲していたと記したが、その末裔である宇井吉子氏(東京目黒在住)からは系図を同封して頂いた。娘

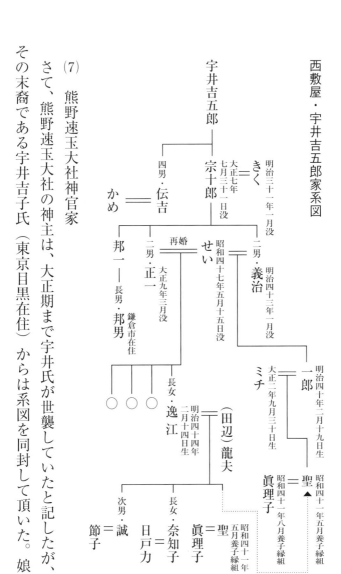

の宇井幸子氏を電話帳から検出、連絡の結果、娘に代って御返事を頂き、「宇井邦比古は私の義父」とあった。

同封系図には、「宇井蔵・榎本、宇井及鈴木略系」と大書し、「熊野新宮権現氏人三党系図写」とあり、千世貞━雅顕━真俊、基成、基行とあり、宇井氏十一代が記されていた。さらに、「宇井邦比古生家家系」と題する「大正四年七月廿四日、熊野速玉神社々司宇井邦比古」の奥書のある文書二通が添付されていた。その一部を引用してみたい。

「宇井邦比古家系」　明治初年迄ハ神仏両部の風習盛ナリシ為家号ヲ峯寺トモ称シタリ。即チ神社付属寺坊ニシテ、神社ニ勤務シ、代々速玉神社ニ奉仕セリ。宇井家ヨリ別レタル分家ナリ。祖先ノ系図、明治廿二年八月大洪水ノ際流失セリ。今僅カニ貞享以後ニ属スル自家ノ位牌并ニ元新宮権現ノ神宮寺ナル宗応寺過去帳等ニ就キ祖先の法名ヲ掲載セリ。但女子ハ省略ス。

宇井邦比古とその祖先

大阿闍梨慶運法印	貞享三年十二月死	三二五年前	俗名不詳
台密沙門慶元法印	正徳二年二月廿四日死	二九九年前	同右
台密沙門慶褒法印	享保十七年正月廿日死	二七九年前	同右
権大僧都慶養法印	明和六年七月日不詳死	二四二年前	正円坊のこと　峯寺伯父
台密沙門慶順法印	明和七年六月日不詳死	二四一年前	俗名不詳
台密沙門慶朝法印	安永七年十月廿一日死	二三三年前	同右
台密沙門慶覚法印	寛政十一年正月日不詳死	二一二年前	同右
前和尚峯寺大阿闍梨基尤法印	文政十一年正月日不詳死	一八三年前	同右
前和尚峯寺大阿闍梨明基法印	安政三年三月六日死	一五六年前	同右
宇井社務兼神庫社司熊野連慶尊	慶応三年二月進耺　一般神社御改正に際し神務ヲ免セラル		明治十三年七月十日退隠
宇井邦比古	明治三十年六月卅日熊野速玉神社社掌拝命大正二年社司拝命		明治一二年九月一八日宇井寛造方より入籍相続

筆者注1／死去年から干支は割愛した。

筆者注2／○○年前は原文は大正四年を基準としているが、ここでは平成二十二年基準に改めた。

筆者注3／台密沙門とは、天台宗密教の僧の意と解される。

その十一代目として、

「宇井邦比古、明治三十年六月卅日、熊野速玉神社社掌拝命」と大正四年七月廿四日に署名している。同様に、「宇井邦比古生家家系」では、「明治初年迄ハ東学坊トモ称シタリ。熊野著姓宇井家系統ヲ亜キ祖先ハ最モ古く速玉神社ニ奉仕セリ。伝来の系図明治廿二年八月熊野川大洪水ノ際遂ニ流失セリ。今僅カニ残ル処ノ位牌并ニ元新宮権現ノ神宮寺ナル宗応寺過去帳等ニ就キ左ニ近代ノ祖先名ヲ載ス。但女子ハ省略ス」

と記している。

さらに「宇井邦比古生家家系」として次の表がまとめられ、「大正四年七月廿八日熊野速玉神社社司　宇井邦比古」と署名されている。

宇井邦比古生家家系

即空全知信士	享保二十年八月死	二七六年前	東学坊恵慶 弟五郎のこと
権大僧都増信法印	宝暦二年六月死	二五九年前	東学坊内
権大僧都増長法印	天明七年八月死	二二四年前	東学坊内
権大僧都増章法印	天明八年五月死	二二三年前	東学坊老僧
台密沙門逢増法印	文政八年七月十一日死	一八六年前	東学坊事
幼明禅童子	天保十三年八月十五日死	一七〇年前	宇井光之助事
華岳院普覚全応居士	文久元年十一月廿一日死	一五〇年前	宇井貞五郎事
宇井社務穂家人熊野連増秋	明治十四年三月廿六日死	一三〇年前 文化九年二月進駈 天保八年十二月進老分 明治四年一般御改正の際ニ社務ヲ免 セラル	宇井穂家人事
宇井社務梅太郎熊野連増親	明治十七年十月十八日死	一二七年前 明治三年進駈　四年社務ヲ免セラル	寛造嫡子 宇井梅太郎事
宇井隼人霊神	明治十二年一月十二日死	一〇二年前	寛造弟 宇井邦比古父
宇井社務寛造熊野連増盛	天保申年二月進駈　明治四年社務ヲ免セラル 明治十年九月廿八日熊野速玉神社社掌拝命 大正元年十月廿日死	九九年前	寛造弟 宇井邦比古父

これらを基に、その系統を図示してみよう。

熊野速玉大社神官家系図

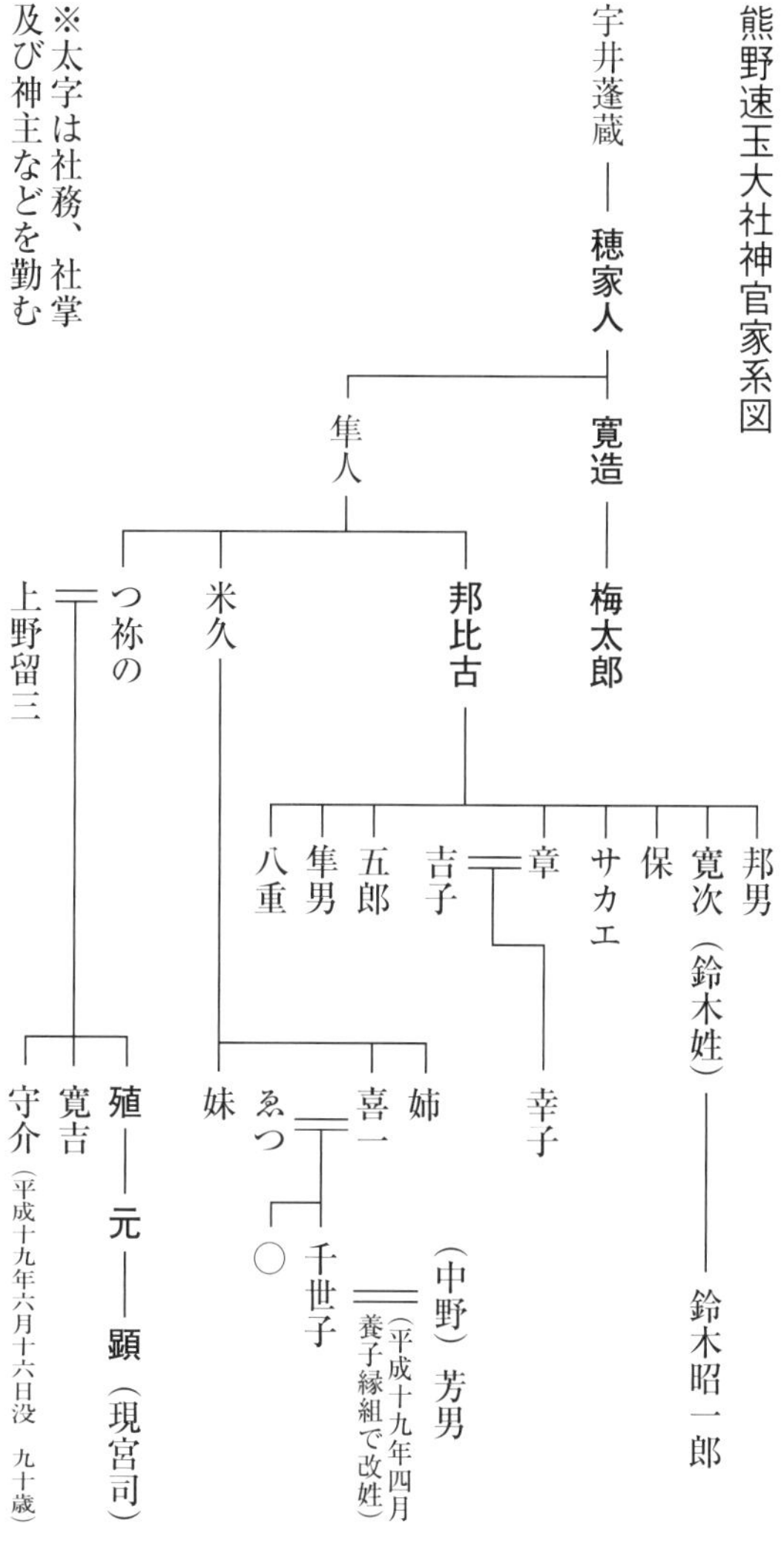

※太字は社務、社掌及び神主などを勤む

さらに、宇井吉子さんからの資料には、「熊野新宮権現氏人三党系図写」が「榎本宇井及鈴木略系・宇井蔵」と墨書された表紙を付してB5版六頁に亘るものが含まれていた。本書巻頭折込の「熊野山新宮社家総系図巻」と類似点もあるが、相違点もある。もちろん共に、宇井、榎本、鈴木の三氏が記載されているが、簡略化のため、宇井氏分のみ抽出して紹介しよう。

熊野新宮権現氏人三党系図

泰内大臣千世貞 ┬ 貞杲
　　　　　　　 └ 雅顕 ┬ 榎本眞俊
　　　　　　　　　　　├ 宇井基成 ┬ 基清 ― 基吉 ― 基廣 ― 基正 ― 基包（此時代ヨリ基兼マデノ系図中絶）
　　　　　　　　　　　│　　　　　└ 女
　　　　　　　　　　　└ 鈴木基行

宇井基兼 ― 基家 ― 基増 ― 基道 ― 基綱 ― 基繁 ― 基頼 ― 基貞 ― 宮司・基包（今神官宇井孫雲） ― 孫市丸（今神官）

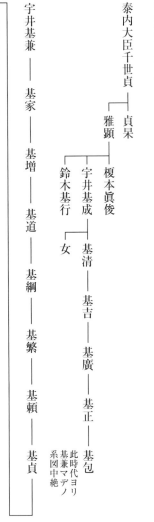

(8)『宇井文書』

さて、十六世紀の戦国時代の新宮宇井氏に関する記述が見つかった。東京大学史料編纂所のデータブックに『宇井文書』のタイトルが記載されていた。インターネットを通じて入手した。系図ではないが物語風に記されているので次に紹介したい。先づ本文を引用し、後半で時代的背景を記してみたい。句読点は適宜挿入した。

『宇井文書』は、本資料の奥書に次の一文が記載されていることから出所が明らかになる。

右宇井文書

紀伊国東牟婁郡新宮村宇井善九郎蔵本、明治廿一年七月修史局編修長重野安繹採訪、廿三年五月謄写了

本文は左の通りで、前書き等は含まれていない。

永禄五年戌四月、畠山次良高政より加勢催促之命応石垣包基、堀内氏虎、妻良実光、安宅兼貞、榎本信光、太地兄弟、我等父宇井二良右衛門良基、同舎弟市之助包光初其勢五百人、五月五日致発足、畠山居城江、同九月致参着、其旨高政申入候処、高政喜悦無限、直に一家中呼寄致、軍評定、同十四日河州教興寺表出張志つ共、花々敷合戦もなく、日を送、終十九日至而其儀餘り対陣而己日を送るも本定不滅とて、其夜致評定、明《翌カ》末明与、三好方打破らんと一決相究、既二十日早天より午刻迄戦たり。然共武運不開、時節よし、畠山寄手不残敗軍、討死之者過半有中にも、叔父市之助江平山甚五兵衛、戸坂石見、安田石内と名乗三人打て懸る。さ連共安田を一打切落せしか共、終両人に首をば取られしを、父良基是を見兼而、臣下田中伝一郎信昌壱人召連追懸、両人を目掛、戦しが敵方荒手入替り戦ふ。されぞ三人切落せしか共、終戸坂石見に首をば取ら連ける。臣下伝一郎も一人切伏たれども、主人之最後を見て追行しに、何とか志たりけん、以前々戸坂主人之首持、馬に鞭打騙（はしり）来るを伝一郎馬を引返し、しばし戦いしが、終戸坂切落し、主人之首取かへし、戸坂之首をも不取、早々熊野をさして返りける。右物語田中伝一郎より様午調、書記置者也

山際住
宇井左近之丞
良啓　花押
永禄六年亥四月

この六百余字の短文の背景には何が秘められているであろうか。若干の解説を試みたい。

「永禄五年」は一五六二年、室町時代の後半、戦国時代、下剋上と呼ばれた

乱世のさ中である。一五五〇年には三好長慶が入京し、将軍足利義輝は近江に逃げている。一五五二年には、上杉謙信と武田信玄が川中島で戦い、一五六〇年には、桶狭間の戦いがあり、今川義元が戦死し、一五六八年には、織田信長が足利義昭を奉じて入京し、一五七三年に室町幕府は滅びるという波乱万丈の時代である。

　享保四年（一五三二）、細川高国が大坂天王寺で戦死したのを合図のように、京畿を戦場とした細川晴元、三好長慶、松永久秀らの細川方と畠山義宣、遊佐長教、木沢長政らの畠山方との衝突が繰返された。

　畠山政国の長子畠山高政（一五二七～七六）は父から譲られて河内国を領していた。父政国は、一五五三年に三好長慶と和を講じていたが、一五五九年にこれが破られ、高政は高屋城に拠って三好長慶と争い、これに敗れて紀伊に退いている。高屋城は、現地名で羽曳野市古市に所在し、室町時代、畠山義深が築城し、河内南部、和泉方面の南朝方に対する拠点であった。永禄三年

（一五六〇）にも畠山高政と三好長慶は争い、高政は破れ、三好義継が入城し、翌年に飯盛城が築かれて、高屋城は廃されて河内守護所の地位を失った。飯盛山は、現地名で大東市北条、四条畷市南条にまたがる辺りで、四条畷とは楠木正行戦死の地であり、飯盛山山頂近くには楠公寺もある古戦場である。

『宇井文書』にある教興寺は、現地名八尾市教興寺に所在し、東高野街道の東側にある真言律宗の寺である。聖徳太子が物部守屋討伐を祈願して、秦河勝に創建させたという由緒があり、かつては「廻り三十四町にして、七堂伽藍あり」と伝えられていたが、再三の罹災で荒廃し、江戸時代からの本堂は明治十八年に崩壊し、現在は客殿を仮本堂にしているという。戦国時代には、畠山高政が陣を構えて、いわゆる「教興寺合戦」があり、この戦いで、当寺は三好軍勢によって焼かれている。

この『宇井文書』の出所であり「新宮村宇井善九郎」は、天保十年（一八三九）〜明治三十一年（一八九八）の和歌山県会議員を務めた人物である。本書には採録できなかったが、京都在住の服部加江さんの調査した一族に含まれていると、筆者の電話照会に答えて下さった。この家系は、四百余年、新宮市で続いているようである。

この項については、次の書籍を参照した。

平凡社、日本歴史地名大系28・大阪府の地名2

平凡社、大百科事典

中央公論社、日本の歴史11

(9) 和歌山県田辺市

宇井氏発祥の地かと考えられる和歌山県で、宇井氏に関する人物史料を求めても殆ど検出できない。幕末期の歌人としての宇井可道と明治期の植物・魚類の採集で南方熊楠からも評価されていた宇井縫蔵の二人くらいしかいない。和歌山県市立博物館の武内義信氏より頂いた『田辺市誌』の中の人物誌で、宇井縫蔵は宇井可道の長女知可子の聟養子という関係が明らかになった。

宇井可道は天保八年、三栖村宇井多右衛門の二男として生まれ、大正十一年、八十六歳で没している。村長や郡書記を歴任後、田辺銀行の創立事務をとり、この間能代繁里の門に入り、国学、和歌を学び田辺地方歌壇の中心となった。

宇井縫蔵は、明治十一年、岩田村滝浪初右衛門の二男として生まる。和歌山師範に入学、在学中に宇井可道の長女知可子の聟養子となった。明治三十四年、東京高師の入試に合格したが、病気のため進学を断念した。その後、郡書記や教職を歴任後、検定試験で植物、物理、化学、博物の教員免許をとり、大正十四年、郡立高女（後に県立）の職を辞し、大阪の関西工業専修学校の教務主任になり、昭和八年これを辞した。この間、植物採集に興味を持ち、採集品を牧野富太郎に送り、識名を請い、紀州産魚類の調査にも念を入れた。彼の採集した魚類標本を水産試験場に提供したところ、水試では縫蔵の名を明記せずに使用したと、南方熊楠は怒って記録している。紀州における植物、魚類の権威として著名であり、もう少し田辺高女に在任すれば校長になっていたであろうと惜まれた。晩年は、養父可道の歌集『璞屋集』他を謄写版で刊行したりして、昭和二十一年、六十九歳で没した。

宇井可道関係図

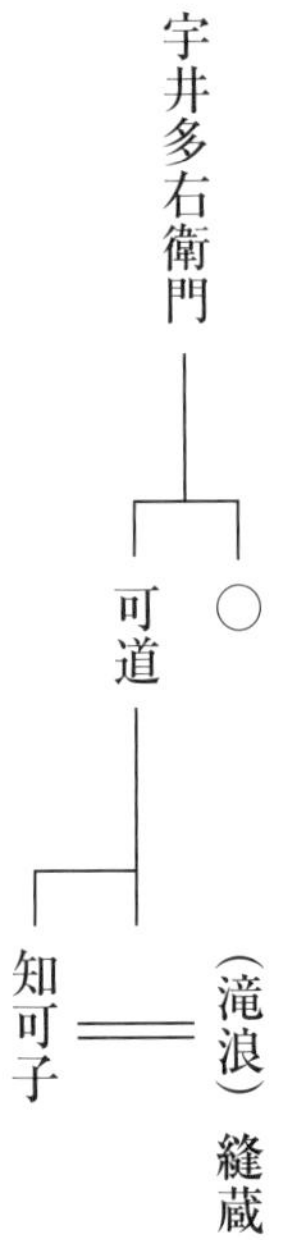

紀州の語り部をしている中三栖の宇井正氏に確認したところ、同氏はこの系図には継がらないとのことであった。十軒近い宇井さんが居られるとのことであった。

⑽　三重県御浜町

三重県南牟婁郡御浜《みはま》町には二十一戸の宇井さんが検出されている。現代の人名辞典の多くから「宇井泰彦」さんが御浜町長として出てくる。紀伊半島熊野灘に面して七里御浜という長い砂浜が延びている。その中央部に御浜町はある。熊野川が上流から運んだ砂が黒潮に乗りながら砂浜を形成してできた所である。筆者も二度拝顔し、最後は三重県会議長をつとめられ、平成十七年十一月に亡くなられた恩厚な方だった。

氏は、平成十三年十一月三日、勲三等瑞宝章を受勲し、同十五年四月、三重県民功労者の表彰を受けている。同氏から自ら昭和四十年調査という文化元年(一八〇三)以降の過去帳を頂き、系図化して差し上げたことがある。それには三十九名の戒名が記されていた。

しかし、事蹟についてはお話しをうかがっていないので詳細は不明であるが、旧家であることだけは事実である。地理的にも紀州宇井氏の分派であることは否定できない。

次にその系図の一部を示そう。過去帳には十九名の名があるが一部係属不明で割愛した。

御浜町宇井家系図

○
＝眞観妙伝信女　天明二年六月二十七日卆

- 泡影幻妙信女　文化九年一月二十六日卆
- 清次
  見峰道儀信士　文化十二年五月三日卆
  ＝忍相妙儀信女　文化九年一月二十八日卆

又三郎
孝顔宝寿信士　明治八年一月十八日卆・八十一歳
＝おくめ
孝顔知妙信女　明治三年九月二十三日卆

- 智山童子　文政六年一月九日卆
- 浄貞童女　天保二年三月二十六日卆
- 霊光童子　天保十三年五月三日卆
- 又平
  孝義美名居士　明治二十五年九月二日卆
  ＝普岳貞容信女　安政五年四月七日卆
  ＝せき・孝貞美明大姉　明治四十四年八月二日卆・七十四歳

- 彫生□女　明治九年七月十七日卆
- 高松
  高山霊松居士　昭和三年八月二十二日卆
  ＝はな
  賢貞明英大姉　明治四十二年三月十四日卆

- 宏才都道信士　大正七年九月六日
  郁太郎
- 熊三
  清貫一道居士　昭和三十二年一月十八日卆・七十五歳
  ＝うめ
  松春妙栄大姉　昭和四十年二月十一日卆・七十三歳

- 孝夫
  天楽義契居士　昭和十九年十月二十三日卆
- 泰彦　平成十七年十一月卆・七十九歳
  ＝洋子

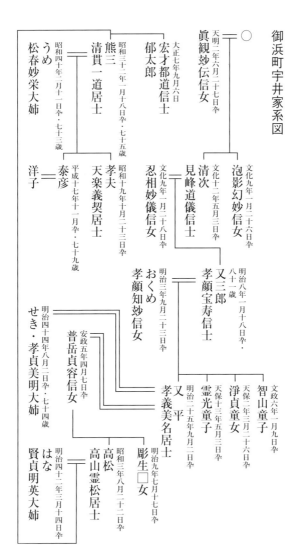

紀宝町は、熊野川を挟んで、新宮市と並んでいる地で、熊野速玉大社との関係の大なる地区である。経済的には、熊野川大橋を界して、同一圏内であるといえる。紀宝町の北には鵜殿《うどの》村という日本で一番小さい村がある。製紙会社が立地している故か、孤高の村を守っている。

ここには、熊野速玉大社例大祭の御船祭に神社の御神体である神輿が乗船する神幸船の保存庫がある。その船には「烏止野《うどの》浦」と墨書きされた幟が立てられる。宇井姓だけでなく、「鵜井」「鵜居」「烏井」などの字を用いている例を思い出すと、何か関連性があるように思える。

⑾　栃木県小山市

栃木県芳賀郡市貝町羽仏では七戸が登場している。栃木県全体で三十二戸の宇井さんがあり、ほぼ全国第十位くらいで決して少ない方ではない。小山市常光寺前住職宇井浩道氏は、謄写版印刷二六頁の『宇井系譜』をまとめ、同氏と弟二人、従兄一人の計四名は茨城古河の分れで、祖は三河と書いている。そこには、熊野の古系図と共に寛永年間以降の系図が詳細にまとめられている。嫡系のみ簡略化してみよう。

なお、この系図の二代目宇井新右衛門包正には「三州佐脇邑より遷る」と傍注があり、「元禄四年（一六九一）片岡初右衛門包明（享保三年、一七一八没）は肥州唐津に遷る」とある。

江戸時代の儒者に宇井黙斎、通称小一郎がいる。多くの人名事典に必ず登場する名士である。これらは、いずれも『先哲叢談続編』を出典とする共通のものである。黙斎は、唐津に生まれ、唐津侯に認められ茶童となり、十九歳の時に放逐されて京に出て、理学を三年学び、次いで名優瀬川富十郎の弟子となったが、富十郎より天下第一の俳優になるには時遅し、儒者となって文苑で名を挙げればと勧められ、服部南郭の門に入ったが、再び理学に復帰した。旧君唐津侯は古河《こが》に封を移し、黙斎の学才を聞き召して儒者としたが、姻家の禍に罹り、古河で三年間幽閉された。赦により再び京に赴き、教授を業とし、天明元年（一七八一）十一月廿二日、五十七歳で没している。
『宇井系譜』では、片岡初右衛門包明の二代後の宇井忠太夫包修の傍注の最後に、「祖父、後妻、兄弟の五名の死亡」が系図に記入され、その一行に「一、・・・《不明》宇井小一郎死」と書かれているのは見逃せない。『宇井系譜』と宇井黙斎・小一郎とが結びついたのである。古河と唐津と京都の三地を隔て、一つの系譜が縁で奇縁を立証できたのである。

この系図にある宇井純さんは、宇井姓の中でも最も著名な一人である。平成十八年十一月十一日、胸部大動脈瘤破裂のため亡くなられた。七十四歳であった。東大を卆業後、一時日本ゼオンに勤務した後、東大の都市工学科助手になり、衛生工学を専攻した。早くから水俣病など公害問題の問題提起をし、昭和四十五年から一般市民を交えて公害問題について学ぶ「公害原論」を、大学非公認の夜間公開講座として十五年間に亘り主宰した。このため、東大では「万年助手」として有名になり、昭和六十一年に沖縄大学教授に招かれ、平成十五年まで在職した。筆者とは、直接の面識はなかったが、同じ応用化学を学び、若き頃は、川崎塩浜地区に共に勤め、純さんが入院していた同じ病室に筆者も半年後に入院し、自宅も約二キロしか離れていないという不思議な奇縁を共有している。

実に詳細な系図で、注記も詳しく、代々大小姓を勤めた武士であったことが判る。

俊一は、古河中之町の屋敷所有地を売り、関東で初めての練炭工場を作った人である。

幸次郎の妻は、幸次郎早世の後に弟の暁と再婚、古河分家となった。古河分家の敬順—浩道—邦和—が代々常光寺住職をしている。俊一の子からは、公害問題で有名な前述した宇井純が出ている。

蛇足ながら「宇井純セレクション」全三巻が新泉社より刊行されている。

小山市常光寺系宇井氏系図

宇井新右衛門 ― 宇井新右衛門包正（寛永六年没三州佐脇邑より遷る） ― 包直（慶安三年没） ― 六左衛門包久（明暦元年八月没）

六左衛門包通（没年不詳） ― 六左衛門包褒（延享三年十二月没　包正以降檀寺三州花井寺） ― 片岡初右衛門包明（（行か）宇井氏を憚り片岡（行岡）を名乗る。享保三年没肥州唐津に遷る）

宇井治太夫包抄（明和六年十二月没） ― 宇井忠太夫包修（天明八年七月没） ― 宇井与十郎包章（享和三年二月没） ― 宇井五郎八包孝（天保十四年十一月没）

宇井幾久次包群（明治十七年一月没）
- 宇井幸次郎（明治十二年二月没） ― 宇井俊一
  - 宇井純（平成十八年十一月没）
  - 宇井卓二
- 宇井暁（サトス）（明治三十九年三月没） ― 宇井浩（敬順） ― 宇井浩道 ― 宇井邦和

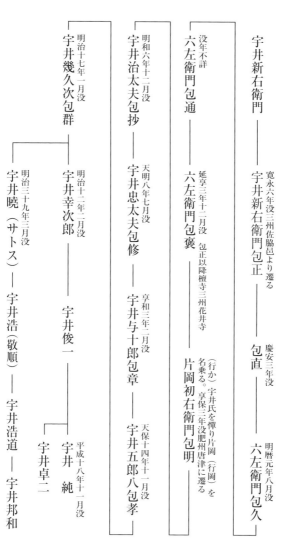

⑿　山形県

山形県寒河江市に宇井氏が多いことは、筆者も早くから周辺に比して異常に多い数のあることで注目していた。熊野神社も多い。寒河江市六供町の宇井啓氏とは文通もしている。

宇井啓《ひらく》氏の人となりは、同氏著『さがえ風土記』（二〇一〇年刊）に掲載されているので、そこから一部を引用してみよう。

一九三五年生まれ。寒河江市史編纂委員長、同文化財保護委員長、主編著書論文に『寒河江市史上中巻』『同下巻』『ふるさと寒河江の歴史』他多数。

ところで、本書の編集も終る令和元年十二月、寒河江の宇井啓氏より地元同人誌「青瓢」一七〇号が送られてきた。同氏の「宇井氏の歴史を語る」の特別寄稿が五ページに亘って掲載されていた。その第一ページ目を章末に収載した。小生と岡崎の宇井寛治氏の紹介と共に、全国行脚の途上で啓氏を訪れた折の二ショットが掲載され、同地での宇井氏の歴史が続いている。改めて寛治氏と連絡をとってみると、今春、東北・北海道の旅を計画したが病のため予定の十三氏に拙著『宇井氏の歴史』を郵送して全国行脚の旅を終結したという。累計二百人の宇井さんを巡歴されたという。

このお二人の行動は、やがて全国の宇井氏の動静の大同団結の礎にならんとする貴重なものである。敬服して特記させて頂く。

さて、同氏によると山形の宇井氏は、関が原の戦いで敗れ、京都より当地に落ちてきたとあり、慶長五年（一六〇〇）の仏を初代としている。寒河江には、宇井家は三系統あり、啓氏の家系の他にもう一系統宇井清太家があり、天保年間に上田より下った山伏修験の人だと伝えられているという。また国分寺市（東京都）在住の宇井恒弥氏の実家は山形県西村山郡河北町谷地《やち》にあり、紅花などの廻船問屋として財をなしたという。東根市のリンゴ園からは、次のダイレクトメールが送られて来ている。「最上川を挟んだお隣、河北町谷地では毎年ひな祭が行なわれている。その昔、谷地は紅花交易で大きく栄え、紅花商人達によって京都や江戸の文化が多くもたらされている。」地図を広げてみると、寒河江市、天童市、河北町は寒河江川を界して対岸に位置しているので、同一の地域と見ることもできる。恒弥氏からの資料によると第二次大戦後、父与一郎氏は谷地八幡神社（元県社）を八幡宮に昇格させ、神社総代などを勤めている。

寒河江市には、聖武天皇の勅願で天平十八年（七四六）に開基されたという古刹慈恩寺があり、その三重塔の西側に熊野神社もある。由緒によると、保元元年（一一五六）、後白河天皇の勅願により熊野十二所権現を勧請し、一山の鎮護とさせたとある。恒弥氏の史料を次に示そう。

「其先紀州熊野七郷の人、保元の乱に官軍の召募に応じ、鈴木、亀（井《カ》）等と共に京師に出、大いに源氏と戦い功を顕す。宇井氏爰に於いて初めて顕る。その後数百年を経て最上氏の族山の辺義忠は監医を以事、山の辺氏は宗家の変で没収され、宇井氏も民間に下り、祖將監は寛文八年（一六六八）九月十四日卆謚風室道秋藤姓とあり、武家から転進廻船問屋（紅花など）、金融、灯油の取扱いで財をなし六十有町歩の水田を有した。」

ここで恒弥氏よりの過去帳にある「山の辺の義忠」について付言しよう。山野辺光茂（義忠）右衛門大夫は、最上義光の四男で山辺を領し、一万九千石の城主であった。義光の四男であることから、義光の全盛時にはまだ成人して居らず、義光伝にはその名が出てこない。したがって、義光の戦った多くの合戦には直接関与はしなかった、若干時代的に下った時代になるのではないかと考える。いつの変なのかは確認できなかった。家親の没後、最上家騒動の中心的存在となっている。

谷地宇井恒弥家系図

藤姓
将監幼名与市　寛文八戊申歳九月十四日卆・諡風室道秋
　―将監　正徳二辰十月八日卆・諡涼叟清公

半左衛門　享保十巳歳十一月一日卆・諡一翁即心
　―与市　寛政五戌歳九月十二日卆・諡寿昌院法山亮性
　―弟某
　―弟某

藤原徳基　宇井鶴之助の養子
半左衛門
　―半左衛門　谷地町長
　―与一郎　谷地町長
　―恒弥　昭和八年生

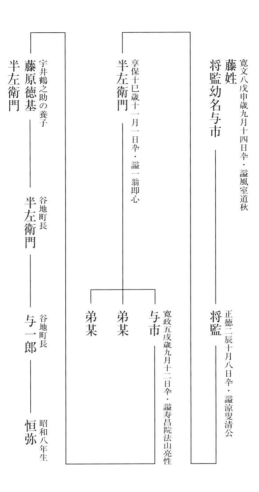

人名辞典によると恒弥氏の四代前の宇井半左衛門（明治九年生）（藤原徳基）は宇井鶴之助の養子となり、谷地町で谷地軌道社長を勤めている。

谷地の宇井氏については、札幌の宇井晴穂氏の情報に養子縁組によって継っているようである（⒀でも言及している）。

宇井恒弥氏から、先祖は最上義光《よしあき》の敗走の時に現在の山形県谷地町に定着したとの情報を頂いていた。少し時代背景をまとめてみたい。平成二十一年のNHK大河ドラマ『天地人』が放映され、主人公直江兼続が属する上杉景勝が、最上義光と対立して、長谷堂城を巡り激戦を展開していることが判明した。

織田信長・豊臣秀吉の両雄が天下統一を果たしていく過程で、越後の上杉藩も強力な勢力を維持し、直江兼続の才能も秀吉らが早くから認めていた。一方、仙台を本拠とする伊達政宗の叔父である最上義光は山形を本拠に強力な勢力を張っていた。義光の行動には蛮行あり、奇策ありの連続であったように伝えられている。天正十二年頃の事件に、白鳥十郎謀殺の一件もある。

白鳥十郎は谷地城に拠点を置いていた。天正五年頃、十郎は娘を義光の嫡子義康の室とする取り決めをした。しかし、十郎は最上氏に臣従するような人物ではなく、義光も、いづれは十郎を討たねばと考えていた。数年後、義光は心臓の病で、一時は危篤状態にあったと伝わった。これを聞いて、十郎は重臣の槙伊予守清光を見舞に送り、その報告を受けて、十郎は谷地城を発し、山形城へ二十人ばかりの供を連れて赴いた。十郎は単身、義光の枕頭に案内され、供は別室で接待を受けた。義光は、十郎に最上家系図などの書物を渡し、それを凝視している最中に、義光は床から飛び起き、床の中に隠し置いていた太刀で十郎に切りかかった。十郎は庭に出た所で絶命し、谷地城方も討ち取られたり、捕われ者となった。留守番役の谷地城も抗することなく陥落した。義光は、間もなく大江広元の長男親広が寒河江荘の地頭職を相続していた寒河江城攻略に取りかかり、若い当主の大江尭元は、数名の臣下と共に自刃して大江氏も滅亡した。

秀吉が没して、徳川家康が天下統一の手を着々と打っていた頃、慶長五年（一六〇〇）六月、領国になったばかりの会津に引揚げていた上杉景勝に、家康は「一度戻って来るように」と命じ、景勝はこれを拒否した。これにより家康は、断固として伏見を発し、江戸に戻り、上杉討伐の軍を起した。七月十九日に家康は、総軍七万をもって江戸を発し、会津に向った。この裏では、石田三成が旧豊臣勢を結集して挙兵計画を練っていた。七月二十四日、家康は下野（栃木県）小山《おやま》に本陣を張っていた。そこへ「西軍旗上げ」の急報が届いた。「小山評定」といわれる会議を開き、福島正則らの先鋒隊は小山を発し、八月十日には尾張熱田へ、さらに十一日には福島の居城である清洲に入り、東軍の前線基地を確保した。

一方、家康の上杉討伐の動きに呼応した伊達政宗は参戦に応じた。そして政宗は北上の馬を走らせた。三日遅れて最上義光も大坂を発った。政宗も義光もともに家康の激励を受けてであった。

七月二十四日、野州小山宿まで北上した家康軍は、石田三成挙兵の報で進軍を止めた。この日、政宗は上杉領の北の関門である白石城（宮城県白石市）を急襲した。次いで福島城（福島県）攻略にとりかかった。上杉側は直江兼続の居城米沢が狙われていると読んだ。これで、兼続は、兵二万余を率いて、出羽山形城の最上義光討伐に発進した。九月九日であった。九月十三日には細谷城（山形県村山郡）を抜き、最上方の諸城砦を連破したが、長谷堂城（山形市）攻めでは、此の合戦は後世、北の関ヶ原、長谷堂の戦、出羽合戦と呼ばれるようになる。この合戦で上杉勢の志駄義秀は、出羽庄内から最上川沿いに攻め上り、谷地城、寒河江城を攻め陥して山形城近くに迫っていた。長谷堂城の攻防が膠着状態となった折に、九月十五日、関ヶ原で東西両軍が決戦し、石田三成ら西軍が大敗の報が長谷堂城総攻撃を決した九月三十日に入ってきた。兼続は、二万余の上杉軍をひそかに撤退することに決した。殿軍を受持った兼続一行と、それを追った義光軍は、激戦を繰り返し、義光自身兜に銃弾を受けてしまった。

兼続も苦戦して自害を決意する危機的戦況となった時に、政宗の援軍が到着して、勝敗の潮目がやって来て、兼続軍は奇跡的に米沢城に辿りついた。

このように、谷地や寒河江が落城したことは明らかになったが、最上義光自身は必ずしも敗走していない。このような事情で、周辺の事件までしか明らかにできなかったが、合戦から脱落した最上軍の属臣の中に宇井を名乗る者がいたのであろう。また、この頃、常陸を領した佐竹義宣は、中立を決め込んでいたが、関ヶ原合戦の後に、秋田へ転封されている。この人的移動に、宇井氏が絡んでいるか否かは判然としない。

この項については、次の図書を参照している。

火坂雅志編『実伝・直江兼続』、角川文庫
外川淳著『直江兼続』、アスキー新書
永岡慶之助著『最上義光』、学陽書房・人物文庫
佐竹清志著『最上義光』、新人物往来社

最上氏系図

- 義守
  - 義光　天文十五年生、慶長十九年一月十八日没・六十九歳
    - 義康（母・大崎氏）　慶長八年八月十六日没
    - 家親（母・大崎氏）　元和三年三月六日没・三十六歳
    - 氏満（母・天童氏）　慶長十九年十一月十三日、家親より攻められ自刃
    - 光茂（義忠）（母・天童氏）　山辺右衛門大夫
    - 光広（義直）（母・天童氏）　上山兵部大夫
    - 広隆（母・清水氏）
    - 長女（母・清水氏）
    - 次女（母・清水氏）
    - 三女（母・清水氏）
  - 保春院　奥州伊達輝宗室（政宗母）
  - ○
  - ○

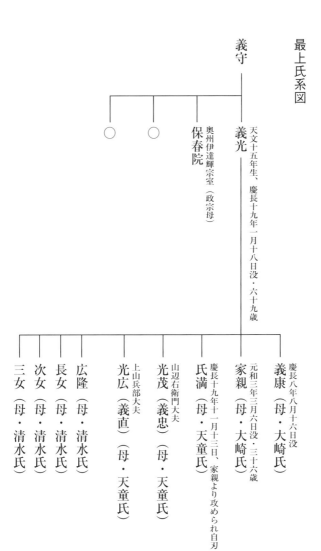

⒀　北海道

北海道にも宇井さんは五十八件検出できる。こうした方々は、当然本州からの移住が予想される。北海道中央部の美瑛町には美瑛神社があり、紀州からの開拓民が那智大社を勧請したという日本最北端に位置する熊野神社もある。那智の火祭も町おこし活動として現地で伝承されているという。

北見市在住の宇井匤氏からは亡父の兄からの手紙のコピーが寄せられた。一部を要約してみたい

父（叔父の父）は家族を連れて明治三十九年、吉野団の長として上士別の開拓村に入植した。大阪から船で室蘭に渡って来た。畠山一族から吾々は除外されているが、吾々は畠山姓は名乗っていないから無理はない。明治維新の頃、畠山本家は庄屋を勤め、長男が泰蔵、次男が賢蔵、三男が昇蔵、四男が秀顕といい、長男は家を継ぎ、次男は印城家へ、三男は宇井家へ養子に行き、

四男は川又寺の住職となった。宇井家についてみると、幕末の頃、倒幕の最先鋒とも云うべき天誅組があった。幕軍の追を受け、宗桧村の山裏の天川村に落ちのび、ここで紀州軍と六波羅軍の挟撃を受けることになった。この時の隊長は、宇井忠治（偽名）を呼んで軍用金一万二千両を敵に渡すな、京都の官軍に渡せと命じた。忠治は山を越え宗桧村川又寺に逃込んだ。寺の住職は畠山秀顕であった。天誅組捜索隊も追い返してくれた。忠治はその後も宗桧村に留り、孤独の生活を送った。明治五年、兵制が布告されたが、一族の相続人は兵役免除になるため、兄弟は夫々養子に行き、三男昇蔵は忠治の養子に入った。忠治は中風を患い宗桧村で没した。畠山家の分家宇井昇蔵は宗桧村唯一の長者屋敷を畠山家が当時の金で百円で買い与えられたという。明治二十三年、明治天皇は「天誅組の子孫は名乗り出よ。懸賞を与うべし」と勅命したが、昇蔵は秘して名乗らなかった。こうして、偽名の宇井忠治が吾等の第一代の先祖になった。

このように長文の由緒が記されているが、提供された宇井匡氏は樺太生まれで、昭和二十二年に帰国し、現在地に居住されているので、父昇蔵（昭和二十一年没）は、いつの日か北海道から樺太へ転進したのであろう。

札幌市在住の宇井晴穂氏からも興味ある情報が提供された。晴穂氏の出生地は、大津波被害を受けた奥尻町であった。戸籍に見る先祖は次の五代である。

宇井泰助系図

宇井泰助――祐助（天保五年三月十五日生）――定吉（明治三年七月十五日生）――定穂（明治三十八年二月二十八日生）――晴穂（次男）

宇井泰助は北海道江差町に居住していたらしい。祐助は天保五年生まれ、江差町に住む。定吉は明治三年生まれ、江差―熊石―久遠―奥尻に転じ、定穂は明治三十八年生まれで奥尻で生涯を終えている。

面白いことが見つかった。定吉の次男が山形県西村山郡谷地村宇井四郎次の所へ養子に行っている。前述の宇井恒弥氏の先祖になる。晴穂氏は次のように記している（本文、二〇七頁参照）。

谷地村の宇井一族の寺である宿用院（禅寺）の寺伝によると宿用院文化十三年、勧募帳「当院旦中寄附」に初めて登場するのが「宇井与市、宇井四郎次」で前記養子先の四郎次（嘉永四年四月十五日生）は、この「宇井四郎次」を襲名したものと思われる。宿用院は火災で記録を失っているが、宇井一族は豪農であったことが窺え、高さ三メートル以上の大きな黒御影石の墓、山門風の石柱にしている墓などは墓地内で最大規模を誇っているそうである。

さらに、谷地村の宇井に次の言及がある。

私の従弟が山形市六日町に居住し、その者の考察による、として次の一文がある。

寒河江八幡宮は、一一九一年、鎌倉幕府の家人、大江公が当地方を所領した時（一一八九年、奥州合戦で奥州藤原氏が滅亡したあと、寒河江庄の地頭に大江広元が任命された）鎌倉鶴ヶ丘八幡宮祭神を勧請したもの。全国的な宇井姓からすれば、宗教的な役儀（六儀、六供）をもって大江公に従ってこの地に来たのが寒河江、谷地における宇井一族の始まりではないか。その根拠として、

①谷地八幡宮の近くの六供町に地所を持つ。

②寒河江八幡宮近くの六供町にも宇井一族の地所がある。

③谷地八幡宮の祭礼の時行列の先頭に「宇井」の幟が立つ。灯篭にも名がある。

④谷地八幡宮に宇井一族の奉納物が多い。

また、名古屋在住の宇井弥一氏も「北海道から谷地に養子は来ているが誰かはわからない。恒弥氏は弟が同級。昭和二十二年に谷地を出たので恒弥氏とは疎遠となってしまった」と電話で知らせて下さった。

寒河江市六供町に宇井啓氏の居られることも前記したが、六供町という名の語源も判って来たのは有難い一文であった。

⒁　四国

鳴門市在住の宇井正行氏からの情報は、四国からのものとして貴重であった。慶安四年（一六四八）没の小市良以降十三代に亘る氏名が判明し、妻の名まで法名で伝えられている。徳島県には、那賀郡木頭村宇井内《ういのうち》や名西郡神山町に宇井橋という橋名があり、筆者は平家落人に関連する地名ではないかと推定している。徳島県三好市は平成十七年に旧東祖谷山村と旧西祖谷山村が合併して誕生した。これを機会に東祖谷《いや》山村善徳の「かずら橋夢舞台」で町おこし行事として「祖谷平家まつり」が行なわれている。文治元年（一一八五）、壇ノ浦の合戦で滅亡した平家の残党は全国の僻地に逃げ隠れ、その数は全国で三百数カ所に及ぶといわれている。祖谷はその平家落人伝説で有名な地である。鳴戸市の宇井正行氏からは、宇井寛治氏のアンケートに応えて江戸末期からの過去帳の写しを頂いた。法名、本名が併記されていたので大部分は系図化できた。

鳴戸市宇井正行家系図（係属不明部分は結線していない）

慶安四年五月八日卆
小市良
＝
宝永七年一月十六日卆
妙間信女

明和四年三月十四日卆
桃岳春山信士
＝
安永九年一月二十九日卆
寿嶽妙慶信女

正徳五年二月十六日卆
（善四良）石湲素頑信士
＝
宝永七年一月十六日卆
瑞雲恵林信女

享保十四年二月二十六日卆
（善四良）春夢信士
＝
享保十四年二月二十六日卆
妙清信女

（十八世紀中葉に小市二良ら三名係属不明で割愛）

円明実相信士　安永九年十月五日卆
＝直入妙緑信女　文化八年八月十日卆

※善六

（幾四郎）清岩順涼信士　文政六年七月二十八日卆

霊嶽泰道信士　文化九年八月十五日卆
＝（善八）梵音妙貞信女　文化十三年十月十八日卆

※定道良全信士（宇井角左衛門）安政十年二月八日、紀州新宮にて死去。係属不明。

（小一郎）浚岩清節居士　明治三十六年十二月二十四日卆
＝烱雲妙見大姉　明治二十六年十月二日卆

（吉三郎）実岳秀道信士　明治四十四年十二月三十日卆
＝（シゲ）寿岳妙繁信女　昭和四十年十月七日卆

（延彦）梅屋良延信士　大正四年二月十四日卆

（政雄）法岳政道信士　昭和四十五年十二月十六日卆
＝（ヨリ子）慈雲妙順信女　平成二年七月十三日卆

吉輝＝とめの
正
ゆかり

弘長＝かよこ
隆之
尚之

正行
健一
靖幸
久美

恵之
男
男
女

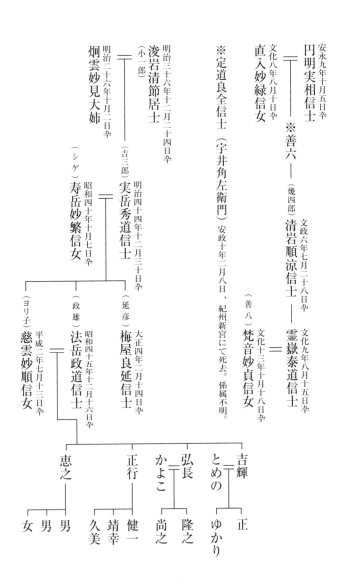

⒂ 鵜居・鵜井氏

「ウイ」氏の表記に「鵜居」あるいは「鵜井」を用いる家系もある。宇井寛治氏によると、鵜居氏は神奈川県や岐阜県にも見られるが、元を辿れば愛知県東加茂郡旭町大字小渡に収斂している。ただ、愛知県の四家と千葉県の一家は別系統のようである。岡崎市在住の鵜居宗一氏の総括を次に引用させて頂く。

古く熊野権現を広く全国に勧請するため隋従した鵜居（宇井）氏族で、三河国加茂郡介木村に移住した鵜居家は三軒でみな同族なり。共に家紋梛葉を使用する。明治代、中仙道と飯田街道を結ぶ地にある小渡の宿、矢作川渡船場近くに「港屋」と称する一膳飯屋あり。これが鵜居家の本家なり。その本家から兄弟が分家して三軒の新家ができた。ともに農家だったが、一つは後に宝源座（芝居小屋）を開設した鵜居と、万屋という塩及び雑貨を商いし、先代利八氏の代になって郵便事業を興し郵便局を営んだ鵜居家がある。この利八流の分家は、四百年前、江戸時代寛永年間に辻屋商店（初代隆一氏女婿）と千鳥食堂（初代多三氏女婿）が分家して新屋を興し、後者からは太陽タクシー（初代茂輔氏）と称する新屋ができた。康二流本家は嫡子秋造氏で、若くして逝去、家をたたむ。従兄弟の邦子氏婿をとり、センコツ屋という称号で新屋を興し現在に至る。利行流本家の嫡子耕三氏は半田市にて鵜居家を継承している。

宝源座英雄流は、源次郎二女まさに、婿隆一氏を娶り、分家して新家（辻屋）を興した。初代隆一氏、二代目長女ヨシエに山口氏を婿として迎え、三代目は姪美千代を養女とし婿英雄氏を迎え、その長女比呂子に利行氏を婿として四代目として現在、サークルKを経営している。

鵜居治美流は、久太郎氏三女みつえに女婿多三氏を迎え新屋を興す。四男三女に恵まれ、各地に広がる。嫡子治美氏は岡崎市に出て、一男一女に恵まれている。

鵜居宗一氏の記述を引用させて頂いたが、宝源座を開いたという系統を図示するとと次のようになる。

宝源座家系図

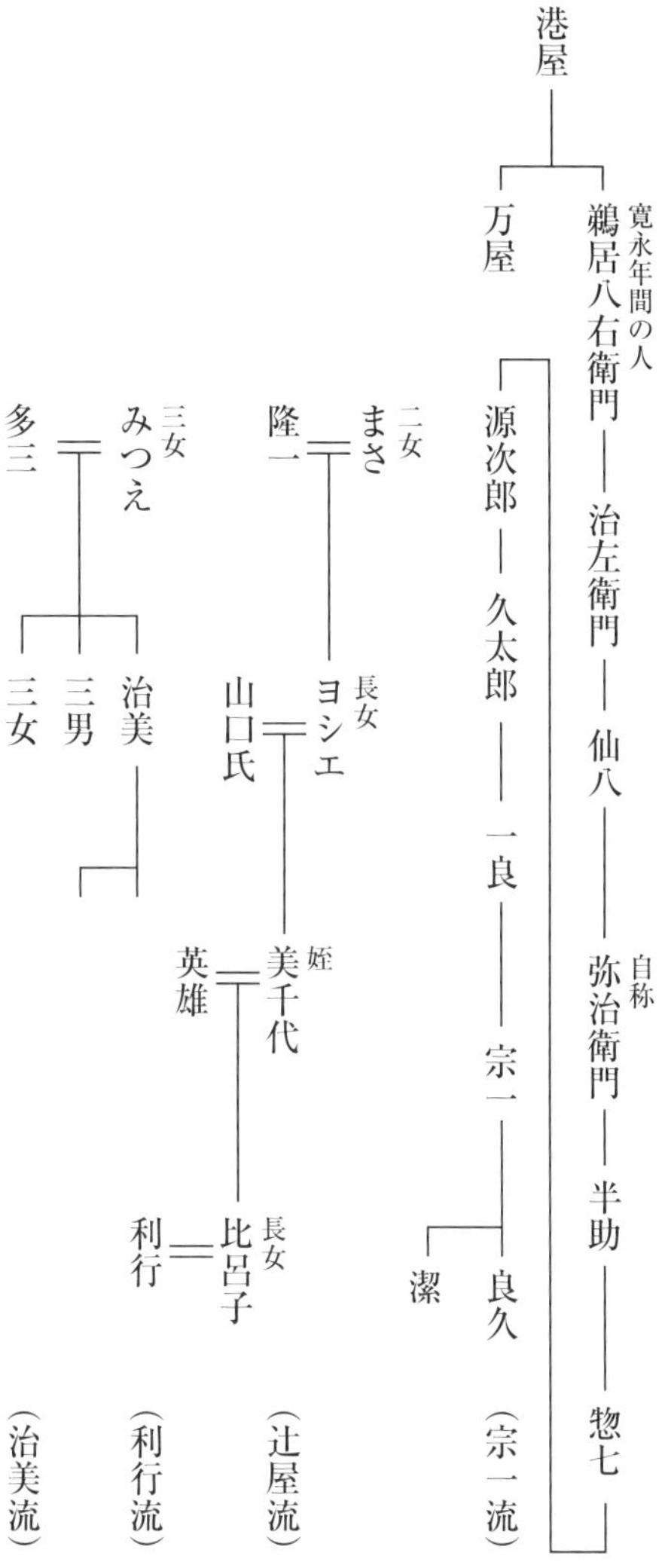

千葉県山武郡松尾町の鵜井洋一《ひろかず》氏は、宇井寛治氏のアンケートに答え、宇井姓は比較的多いが、鵜井姓は千葉県に我家一軒である。我家の墓には天保年間のものがある。愛知県に四軒ある鵜井姓を教えて欲しいと質問した。

これに対し、寛治氏は、①鵜井忍（足助町・住職）。②鵜井不空（豊田市・住職か）。③鵜井誠（豊田市）。④鵜井宣昭（三好町）、宣昭は忍の弟で寛治氏の同級生、不空は忍のおばの夫と回答している。

同人誌『青瓢』170号寄稿文（部分）

宇井氏の歴史を語る

宇井　啓

1991年頃、東京在住の宇井邦夫さんから、「寒河江の宇井について」教えて欲しいという封書が入った。何の気なしに、親から聞いていた宇井家の伝承を書いて送った。

＊

この方は、長い間の会社勤めを終えて、「宇井氏の歴史」の研究に没頭して居られる方で、ちょうどこの頃は、NTTの電話帳から全国の宇井氏の分布について調査していた頃であった。すでに、『丑愛記1990』・『ウイウイエイ　熊野神社と宇井家の系譜1993』・『神倉山のお灯祭り　ビデオ　1994』・『安政東海大地震　1995』・『山とオコゼの話　1996』・『熊野神社歴訪1998』など「宇井氏」関係の著書をもち、熊野信仰の伝播に従って千葉に移った「宇井氏」の末裔にあたる方であった。

一方、2001年ころ、NTTの電話帳から「宇井氏」を調べていた岡崎在住の宇井寛治さんからも、宇井家の歴史のアンケートが送られてきた。これも同様に、わが家の伝承を書き送った。この方も銀行勤務を終えられてから「宇井氏」のルーツを探求しておられる方だった。愛知に移った熊野一党の「宇井氏」の末裔にあたる方で、一昨年に出羽国の「宇井氏」を尋ねて寒河江にお出でになった。全国の「宇井氏」を訪問するのだという。

愛知の宇井寛治さん（左）

＊

お二人の調査研究によると、宇井氏を名乗る者は、全国で1526。うち、もっとも多いのは千葉県で303、次に和歌山県の92、以下は愛知県の82、三重県の32、栃木県芳賀郡市貝町羽仏7、寒河江市六供町7とある。宇井邦夫さんによると、寒河江の宇井は注目すべきだという。おそらく千葉の宇井系統

第十一章　地名にみる宇井

宇井氏の消息を考えるとき、地名も大きなヒントを与えてくれる。いくつか紹介しよう。なお地名は統廃合前の表記を用いた。

(1)　和歌山県有田郡金屋町宇井苔

『紀伊続風土記』によると、「荘中の極山中にて窮僻の地なれば免許の村なり。宇井の名儀を考ふるに別に離れて区域をなすものをいふ。山中往々其名あり。当村地形其名になゝへり。」「谷最も狭く、薬研《やげん》の如き地なり。古は宇井村、苔村と書く」とある。

応永七年（一四〇〇）の山野売渡証文に「宇井河口、宇井村境、宇井川道」などの字が見える。金屋町役場から入手した資料によると、「平家の落武者がここにかくれて村を作ったという伝説があり、白馬山や鈍白《ろじろ》の滝など深山幽谷にふさわしい伝説があり、民間信仰が温存されていた」とある。

(2)　和歌山県海草郡初生谷村《ういだに》

貴志川支流真国川上流左岸に位置し、四方を山に囲まれた山村で、初めて人が住みついた谷という地名伝承がある。中世になると宇井谷と書かれ、永仁二年（一二九四）の文書に「真岡郷宇井谷村百歩田事」と見える。昭和三十年からは美里町の大字となっている。

(3)　和歌山県新宮市宇井野地

現在は、新宮市千穂と呼ばれるが、国道四二号線と神倉山に挟まれた地帯で、「宇井野地」が「初之地」と表記が変わり、郵便局名にその名を残している。豪族宇井氏の居宅があったことを示している。『新宮市誌』は次のような古文書を引用している。

寛文十九年（一六七〇頃か）調査の『新宮領分道筋』には、新宮町方と新宮地方があり、後者は馬町札場より矢倉辻の西までを「初ノ地」としている。

宇井、鈴木、榎本、新宮三頭之侍、石垣共々四家と号、右之子孫社人之内其外為類家、数多御座候。

この宇井野地をお燈祭の上り子が通るとき「ウイウイエイ」と囃して通ったとのことである。新宮市内には、熊野川河口に近い阿須賀神社付近に「熊野地」という地名も現存している。

(4) 奈良県吉野郡大塔村宇井

吉野山地の中央部、紀伊半島中央部に奈良県大塔村がある。紀伊半島を縦断する熊野川上流部は十津川と呼ぶが、その上流部の天の川と舟の川の合流部に大塔村大字宇井がある。大塔村とは、多分大塔宮護良親王の逃避行に関係するのであろう。『日本地名辞典』(角川書店)によると、宇井村というのは江戸時代から、明治二十一年までの村名であり、吉野郡十二村郷野長瀬組に属した幕府領とある。

現在の大塔村は旧十八村が合併したものであるが、和歌山県発行の観光パンフレットの全県地図に、大塔村坂本集落の十津川の対岸に「宇井野」と記載されているが、現在行政上の地名は残っていない。大塔村に照会してみたところ、三軒が住んでいるとの返事があった。なお、蛇足ではあるが、和歌山県にも大塔村が中辺路にある。『宇井一族』には、次のような記事が見られる。

大和国吉野郡の十二村荘に宇井村あり。
熊野新宮より出でし宇井長三郎、此地に来りて宇井村の名始まるという。
長三郎は南北朝又は室町戦国時代の人なりや。宇井党の一族なりと伝えたり。

平成二十三年九月四日には、大雨の結果対岸の山崩れでV字谷の十津川は堰止められて生れた堰止湖が決壊し、宇井集落も大被害を蒙ったと報じられている。

『大塔村史』の地名の項には、次のような記載がみえる。

宇井は井に関係する地名と考えられるが、この村に「宇井野々」という地名がある。坂本にも「宇井野」という垣内名があり、中井傍示にも「ウイ表」「ウ井ヘヤ垣内」「ウ井屋敷」などの地名が現存する。このウイは、方言では「初め」という意味で、早く開けた地域を意味するものではなかろうか。また熊野地方では、山合の一区の団地をウイと呼んでいる。長迫、神上のオイもウエも共に、このウイだという説がある(『日本総合民俗学語彙』)。

(5) 和歌山県日高郡日置川町宇井ケ池《ういがち》

紀伊半島西海岸の中央部に日置川《ひき》が流れ込んでいる日置川町がある。江戸期から明治二十二年にかけて、牟婁郡矢田村があり、和歌山藩領御蔵所であった。『慶長検地高目録』によると、村高は「宇井我地《がち》・矢田村」二百二十四石、『紀伊続風土記』には、小名に宇井我地とあり、日置川右岸に古く宇井氏の領地があったものか（角川版地名辞典）、と記録されている。

現在の地図では、日置川を挟んで矢田の対岸に「宇井ヶ地」があり、ＪＲ紀勢線の鉄橋の附近である。

(6)　和歌山県東牟婁郡古座川村大字西川・宇井

古座川の上流の七川ダムのさらに上流に「宇井」がある。今は大字西川に含まれているが、戸籍などでは使われている小字である。目測で川口の古座から三〇キロ以上ある山奥で、古座川の水源は、紀伊半島南部の最高峰大塔山（海抜一一三二メートル）になっている。

(7)　徳島県那賀郡木頭村宇井内

紀伊半島西側の対岸に当る四国の、徳島県の那賀川の支流南川沿いに「宇井《うい》内《のうち》」がある。現在は木頭《きとう》村に属しているが、かつては「宇井内村」として独立していた。もうすぐ高知県境という山間地である。

⑻　宝賀寿男氏の見解

宝賀寿男氏は、『姓氏と家系』第一号（二〇〇九年八月）で「熊野三党の祖先たち」と題する大論文をまとめて下さった。その一項に「宇井氏の起源の地とその一族」があり、その一部を引用させて頂く。

いま宇井の地名は大和の吉野郡宇井村（いま野迫川村）にはあっても、熊野などの紀伊には顕著な地名としては残らず、これが鵜居、鵜井なども書かれることから疑問は多く残る。新宮市の宇井野地（現在は初野地と書く）は宇井氏の屋敷があったことに因むと伝えるから宇井の起源の地とはみられがたい。しかし、多くの苗字が地名に因むことからいって、紀伊国那賀郡かその関連地にあった宇井という地名に因むとするのが自然であろう。那賀郡に適当な地がなければ、次に在田郡宇井村（金屋町東南部）に注目される。宇井氏の本業の姓氏が仲丸子であった。「仲」とは那賀屯所の管掌を踏まえ

た表記であるが、那賀屯所の地域がどこにあったか明確ではない。（中略）

那賀郡には南東方の山間部に宇井谷村（現・美里町初生谷）があるが、それよりも紀の川貴志川町の「丸栖」という地名に着目される。また同じ名の「那賀郡」が阿波にもあって、そこには「宇井」の地名が残る（徳島県那賀郡木頭村宇井内）ことにも留意される。

これらの諸事情を考えると、「丸栖」は「丸子の住拠」を意味するとみられ、この地に仲丸子連が住んで那賀屯所を管掌したと推される。もともと、「丸栖」辺りに最初の「宇井」の地名があった可能性もあるのではなかろうか。

丸栖辺りから国道四二四号線に沿って南下すると有田郡金屋町に至る。この有田川中流域には石垣荘、石垣城があり牟婁郡の石垣氏の起源の地といわれる。金屋町南部の宇井苔村（宇井と苔の合村という）も宇井氏の起源ないし中継地であり、宇井苔には熊野権現社がある。

(9)　島根県八束郡美保関町宇井

『出雲国風土記』が伝える「八束水臣津野命《やつかみずおみつののみこと》」が、国引き神話で引き寄せた地が、今日の島根半島といわれ、その東端に美保関町がある。宍道湖や中の海は境水道で海に通じている。また、現在は、鳥取県境港市から境水道橋が架橋されている。その橋の島根県側の上陸地点が「美保関町宇井」である。『美保関町史』が引用している『皇国地誌』に記事があるが、省略させて頂く。

『出雲国風土記』では、「宇井」は出てこないが、「嶋根郡」の条に「宇由比《うゆひ》浜、広さ八十歩《あし》なり。志魚《しびうお》（マグロのこと）を捕る」と記され、これが宇井の附近のこととされている。歴史的に見ても、熊野の宇井氏との関連は薄いものと考えられるが、一応リストには含めて置きたい。

(10)　その他

真砂光男氏は「紀南・地名と風土研究会会報」第三号（一九八七年）で「紀南の地名」と題し、ウイに言及している。その後半で次のように述べている。

いま県域の公称地名と通じて転訛・転音と考えられるものをぬきにしても、その名数はおよそ一一〇、串本町を中心に近隣のすさみ、古座にも濃く、北は紀北まで散見され、東は那智勝浦、熊野川、南北牟婁郡などにも連なって、ほぼ全域に見られるものの、その模様は半島南端部に極めて集中的である。奈良県では、十津川流域を主に全県域での関係名数は五〇ばかり管見される。

また、同会報で桑原康宏氏は『紀南の「ウイ」地名』と題し、詳細をまとめている。その概要を引用させて頂きたい。

串本町には〇〇生《うい》という小字が非常に多く、角川日本地名大辞典で三十七カ所に及んでいる。〇〇ウイ、〇〇ノウイというのが串本町には六十六カ所。すさみ町周参見に十三カ所、古座町に九カ所、古座川町七川に一カ所、那智勝浦町に二カ所、熊野川町に四カ所、田辺市一カ所、さらに三重県側では熊野市に四カ所が検出された。ウイが語頭にくるのは田辺市上秋津の宇井田と同市中三栖の宇井田の二カ所が和歌山県に見られる。こうして旧牟婁郡には一〇一カ所が認められ、行政地別（合併前）にみると串本町六六、すさみ町十三、古座町九、熊野川町四、那智勝浦町二、田辺市二、古座川町一となる。

さらに、桑原氏は同会報十五号（平成六年）で『その後の「ウイ」地名』を報告し、高知県の「ウイ」に言及している。土佐清水市、北川村（室戸市の北）、安芸市、日高村（高知県の西）、物部村（安芸市の北）などのウイについて論じ、ウイの語源に地形由来説を述べられている。

⑾　総括

ウイを地名に求めてきた。大きな土地とはいっても限定的な土地で用いられているのは、新宮市宇井野地のみである。出雲国の宇井という集落も決して小さくはないが、本書が対象とする「宇井氏の歴史」には縁遠いものと考えられる。ウイに「初」「生」の字を当てはめることはあるが、山、谷、苔などに冠した用例が極めて多く、桑原氏は串本町で海岸沿いに多くの字名を見出し地形由来説を主張しているが、筆者は、深山、渓谷の奥地にその所在を見出している。その理由として次の点を考えたい。

源平時代までは、熊野の著姓とし、『平家物語』の記述も多く見られ、かつ、源氏にも平家にも因縁浅からざる交流が見られた。しかし、源氏と平家が対立するなかで、熊野別当もいづれに組するか対立があった。熊野別当の中にも宇井氏出身者がいた。ここで重要な記述が「今熊野鶏合せ」で有名な田辺市闘鶏神社で紅白に分けた鶏を用いて源平いづれに組するかと占いをしたことである。結果は源氏に組することになり、熊野別当湛増率いる熊野水軍が参戦し、平家一門は総崩れとなる。熊野別当の配下にあった宇井氏も、その去就には迷ったであろう。一枚岩の行動はとれなかったのではないか。そして、宇井氏の一部は平家側に組したのであろう。その結果、平家の崩壊に伴い、配下の面々は山中深く逃げのびた。いわゆる平家落人が四国、紀伊半島の辟地を選んだ。宇井氏も平家落人の一派で、いわゆる山間辟地に外部との連絡を秘して隠れ住んだのであろう。それが各地の宇井とする地名として残ったのであろう。それでなければ、人跡稀な奥地にのみ名を残すことには説明がつかない。

第十二章　終章

大詰めに来た。ここで本書の成立の由来について回顧してみたい。

筆者は、早稲田大学理工学部応用化学科を卒業して、直ちに日本石油㈱に入社、新潟製油所へ赴任したのが昭和三十一年春のことであった。それに先立って、昭和二十四年春、早稲田大学高等学院に入学して、第二外国語としてドイツ語を選択している。このことは大学では理系に進む可能性大であることを意味している。こうして、学生時代、サラリーマン時代を通して技術屋として精進した。働き蜂であり、家系などには全く関心もなかった。

平成元年九月二十三日、父宇井丑之助が八十七才で逝去した。長男邦夫の家系調査の芽はやっと始動した。それから三十年、宇井氏に関する調査活動は意外な方向に進展し、その途中経過は五冊の小冊としてまとめ、その都度出版した。その経過を紹介してみよう。

①『丑愛記』一九九〇年九月刊

父丑之助の没後一年、何か追悼行事をしなければの想いがあって、平成二年始め頃から計画を立て、幾多の幸運な出合いを経て仕上げた成果であった。

平成二年一月二十一日、大雨の中を千葉から宮負《みやおい》克己氏の突然の来訪があった。この年の父宛の年賀状を頂き、逝去した旨の返信を送ってのことであった。

父も宮負氏も共に、四代前の宮負定雄をご先祖様に頂く同根の士であり、宮負氏の資料を求めて活動していたのだった。筆者は父からは何も聞かされて居らず、何もかも初耳のことであった。旬日後には、干潟町公民館で宮負定雄遺品展を開くとのことで参観に行き、国学四大人の一人の平田篤胤の有力門人であり、多くの情報を入手することができた。

平成二年八月には、熊野三山巡りを計画した。近鉄八木駅から奈良交通バスで国道一六八号線を南下して新宮市へ至る日本一長距離の定期路線バスを利用した。途中、奈良県吉野郡大塔村宇井にバス停のあるのを発見して途中下車したりしながら、熊野本宮大社へ辿り着いた。社務所で「宇井について詳しい方は居りませんか」の質問で現われたのが「峯尾平《おさむ》」祢宜であった。熊野古代史に造詣の深い方で後に引退後は新宮市近くにお住いになって、何回もお世話になる方との初対面であった。再びバスにて新宮に至り、熊野速玉大社を訪問、社務所でどなたかいませんかと名刺を通じ、宮司上野元《はじめ》氏私宅に招じ入れられ、同社宮司が、大正時代に宇井氏から上野氏に替った事情の説明を受けた。翌日、神倉神社を訪れ、由緒板に「熊野三党・宇井、鈴木、榎本」が高倉下命に貢物を献じたと明記されているのを発見して大感激を味った。峯尾氏、上野宮司、神倉神社こそは、筆者の調査目的の三大本丸に直撃できた大好運であった。しかし、『丑愛記』執筆時期では、家系調査は戸籍謄本による整理の段階を出ずに終った。

一方、宮負定雄については、主要著作物の大半が多くの先達の著作を通し覆刻されていたので古書を買い集めることで入手できた。中でも川名登氏が『旭市史』に掲載された研究を神田で入手できたのはラッキーの一言に尽きる。即ち、誌史専門店に偶然入り、店主に『旭市史』はないかと質すると、店主の記憶に浮んできた。倉庫を探して、汚れてはいたが一冊抱えて戻ってきた。これで宮負定雄の資料収集は半ば達せられたといって過言でなかった。

このように、平成二年夏までの段階で「宇井族をめぐる物語」を『丑愛記』に七八頁に亘って報告できた幸運に恵まれた。

②『ウイウイエイ・熊野神社と宇井氏の系譜』一九九三年一一月刊『丑愛記』に引続いて、旅行や図書館通いをサラリーマン生活の合い間を縫って続けていた。宇井氏と熊野神社の関係、熊野三山と出雲大社、古代出雲における熊野大社（松江市在）の関係に興味は集中するようになり、平成二～五年の間に紀州に四度、出雲へ二度の旅行を行なった。時に単身・夜行高速バス利用のこともあったが、友愛会の名のもとに一〇～二〇名の同志を集めてバス旅行を行なった。親族中心、従兄が医家であったので患者中心などでプライベイ

トに組織して、バスを直接チャーターで実施した。このバス旅は、有名観光地巡りではなく、単身旅行での成果である古跡巡りであり、バスガイドも知らない地点を点綴したものであった。熊野では、田辺市の明光バスをチャーターしたところ熊野交通のガイド和田時子さんが乗ってきた。歴史好きのガイドで、車中で百二十五代の歴代天皇の名を誦じたこともあった。二度目は彼女を指名してツアーを組んだこともあった。出雲では、安来節の四代目宗家の渡辺お糸（糸子）さんがガイドに乗ってくれた。目的を伝えずに依頼された彼女は、午前中は歌を唄おうとしていたが、ペースの合わないことを察した彼女は、午後は作戦変更して出雲平野の古社巡りを見事カバーしてくれた。その後ＴＶにも大物ガイドとしてよく出演している彼女には、指名で二度もお世話になった思い出がある。

『ウイウイエイ』では、天地創造、出雲史、熊野史に始まり、宇井氏伝承、那智家、宮負定雄などから旅行記まで網羅したような内容にした三六〇頁のものになっている。

しかし、宇井諸家系図にはまだ触手は伸びていないマイファミリー・ヒストリーの資料集に過ぎなかった。

平成十五年夏、突然岡崎市在住の宇井寛治氏よりアンケート用紙が送られて来た。筆者の親族筋からは、「今更なんだ」との声もあったが、多くの回答や諸家の資料が寛治氏の許に送られ、寛治氏から小生へもコピーが送られて来た。また、その頃、古代姓氏研究の泰斗である宝賀寿男氏と寛治氏の交渉が始まり、拙著『ウイウイエイ』が進呈され、これが契機となって、宝賀先生と筆者の間の文通も開け、先生の新著論文も頂くことができるなど新規資料入手の機会に恵まれる幸運が重なった。関係者の皆様の御好意に対し、ここにお礼申し上げたい。
③『宇井さんの歴史』二〇〇六年刊
前記のような経緯で「宇井氏」調査も進み、少し整理しようと着手したのが

本書である。しかし、出版する程の力量のないことは自明の理であったので手作りで進行した。印刷、製本のすべてを知人の援助を受けながらの作業であった。文房具店では、プラスチック表紙の製本セットを見付け出し、カラー用紙の表紙をつけて完成することができた。

④『宇井氏の歴史』二〇一〇年刊

前書の在庫が少なくなったため、殆ど前書を踏襲する内容で、若干の新知識を加味して印刷、製本のみを業者依託することで誕生した。宝賀先生の論文紹介、宇井姓人名録などを加味した。人名録では、プライバシーの面から、各種人名事典に公表されている方のみに限定して採録した。親戚でも採録しない失礼も侵した。

⑤『黒潮の道』二〇一八年刊（私家版）

平成も終幕を迎えんとして来て、筆者も八十五歳に近づいてきた。これまで、身内関係者に特化したものは著作してこなかった。従兄達も一人、二人と欠けはじめ、お互いの面識も薄くなって来た。残念なことである。そこで小冊を作ったのが本書である。

平成二十九年十一月、ＮＨＫＴＶの「ファミリー・ヒストリー」で女優の泉ピン子氏が登場した。個人的な縁故は皆無であったが、飯岡に先祖が住み、その玉崎神社境内にあった住家を筆者の高祖父宮負定雄が『下総名勝図絵』の中に描き遺し、それをＴＶが採り上げていたのである。その後、泉ピン子氏の先祖は、江戸浅草を経て銀座へ進出した。彼女も銀座四丁目で生まれたというストーリーであった。当時の房総半島では、干鰯《ほしか》という魚肥が特産で、これを巡って人や物資の移動があったことに筆者は興味を持ち、「黒潮の道」と題して小文をまとめた。更に、父丑之助らは、生地府馬を出て東京へ出て活躍した人達と計り、「府馬同郷会」を結成し、横のつながりで同郷を強調したグループのあったことも紹介した。県人会、○○学校卒業生の会といった強い同郷意識で一致団結することも日本人の特質の一つであろうとして採録した。

このような筆歴を重ねる中で、時代も令和を迎え、『丑愛記』で「宇井」家のファミリー・ヒストリーを調べるうちに間口は広がり、宇井族へと対象が広がって三十年になった。齢も先細りの感を否めなくなったので総括をしたいとの思いから一念発起して生まれたのが『宇井氏今昔物語』、即ち本書である。

六〇〇〇人余の宇井さんの分布と、千年余をかけて日本での進出の有様を一枚の地図にまとめたものをここで示したい。三十年の成果が要約されたものである。何かの後輩の便になれば幸いである。

おわりに当って

宇井氏の出自を追って、これまでに得られた知見をまとめてきた。ここで、それらを総括してみたい。

①宇井姓でＮＴＴ電話帳に収載されているのは約一八〇〇件である。電話一台につき、家族が三人強いるとすれば、全国に「宇井さん」は約六〇〇〇人いるものと推定される。

②ウイ姓には、「鵜井」「鵜居」「宇居」「右井」「烏井」などと表記する例も多々ある。

③宇井姓の分布で県別に多い上位十県は次の通りである。一位、千葉。二位、愛知。三位、東京。四位、和歌山。五位、神奈川。六位、大阪。七位、三重。八位、北海道。九位、埼玉。一〇位、山形。最多の千葉県では五七一件の電話登録があり、全国の三六・三パーセントを占め、東京、神奈川、埼玉のいわゆ

る首都圏でみると五六・五パーセントと過半数を占めている。
④宇井氏の分布は、熊野神社の分布と酷似する地域が多い。
⑤千葉県内での宇井氏の分布は、利根川南岸沿いの北総地帯と九十九里浜沿いの海岸地帯に集中し、南総地帯では希薄である。
⑥首都圏の宇井氏の多くは、千葉県北総地区に出自を有するものと思われる。
旧地名で香取郡松沢村に鎮座する「松沢熊野権現」には、大同元年（八〇六）に紀州より渡来し、熊野三党の一行も随行したとされている。

平安時代末期に、熊野三山の荘園は全国に展開した。『吾妻鏡』には、文治二年（一一八六）三月十一日条に匝瑳南条荘（千葉県匝瑳市）が熊野領として見られ、文治二年六月十一日条には「熊野別当知行上総国畔蒜庄也」と畔蒜荘（千葉県君津・袖ヶ浦・木更津市）が熊野別当の知行地として見える。

『亀井家譜』によると、「基雄」が平将門追討のために下向し、松沢熊野権現を草創したとの記録があり、下総鈴木氏の祖となったとされる。

こうしたことから、房総半島沿岸部に熊野神社は広く分布し、熊野と房総の交流も盛んになり、宇井・榎本・鈴木の三氏も神人として同行したことが、房総における熊野神社と熊野三党の一致した広い分布と符合するものであろう。

⑦紀州新宮市には、「熊野新宮社家総系図巻」が伝わり、タカクラジを大祖とし、雅顕の三人の子が、榎本、宇井、鈴木の祖となったとしている。神倉神社では、タカクラジを祭神として祭祀している。

⑧神倉神社では、二月六日の夜、「お燈祭」が行なわれ、「ウイウイエイ」の言葉が使われている。熊野速玉大社上野宮司は「ウイウイウェー」と発音している。

⑨紀伊、伊豆、房総半島には共通する地名や文化があり、相互の関連性を証するものである。筆者は、「黒潮の道」と呼んでいる。

⑩宇井氏の伝播ルート（「宇井氏の分布と伝播ルート」章末収載）は、大別して房総ルートと参河ルートに分けられる。ここに示した地図こそ筆者三〇年

の結論である。

⑪房総ルートは、松沢熊野権現社掌として中核をなしながら、一〇〇〇年に亘って利根川南岸沿いの北総地区や九十九里浜沿岸部に定着し、現代に至って首都圏へ進出。これは職を求めてのことであったと思える。平安時代末期の熊野三山の荘園の存在、多数の熊野神社の勧請も無縁なことではない。

⑫参河ルートは、確たる年代は定かでないが、平安末期に熊野荘が設けられ、熊野水軍を介して紀州との往来が認められ、熊野神社を勧請し、熊野三党も到来し、次第に山間部へと進出していった。御津《みと》町の佐脇神社はその中心であろう。同地には、生田《しょうだ》、宇井、鈴木、榎本を「佐脇の四姓」と呼ぶ語がある。

⑬参河地区の宇井氏（鈴木、榎本氏も含む）には、源頼義の東征や源義経の平泉落ちの後追いの伝承があり、その途中、参河に定着したといわれている。

⑭栃木県にも宇井氏は比較的多い。伝承の中では、三州佐脇より移ったと伝える。恐らく、後世になって陸路交通網が整備された時代以降の伝播ではないか。

⑮山形県、とくに寒河江市周辺に周辺地域より突出した宇井氏の分布が見られるが、必ずしもその出自は判然とはしていない。最上義光の配下として参戦し、敗れて定着したともいう。関ヶ原の合戦（一六〇〇）頃のことである。

⑯本拠の紀州では、新宮市とその周辺に集中している。熊野速玉大社神主として宇井氏が世襲していた時代がある。明治時代に一族の内紛で系図の一部が切断され、それも火災で焼亡してしまい、また、明治二十二年の大水害で失われたものも少なくなく、一本系図は不明である。熊野川町西敷屋には、十六戸が集中する集落も見られる。

⑰地名で「宇井」の字を冠する所は、山間辟地に多い。「初」や「生」を当てて、ウイと読む例も見られる。山奥に多いというのは、平家落人と関係しているのではないかと考える。敗軍の一味として、社会から断絶し、その出自を隠しながら、ひそかに隠遁生活を続け、それが僅かに地名として残されたのであろう。

一方、鈴木氏は、藤白を拠点に、熊野詣の先達として活躍し、さらに源氏の東征に加担し、義経の都落ちに際し、援軍として後を追ったが、義経討たれるの報で途中断念して、参河に定住したとされ、「熊野神社あるところに鈴木氏あり」といわれる程に各地に拡がり、最近では日本一～三位といわれる著姓になり、主として中部地方以北で活躍している。

⑱島根県松江市郊外にスサノオを祀る熊野大社があるが、熊野三山との関連は明確でない。タタラ製鉄の原料の炭を求めて紀州に進出し、出雲・紀州の交流があったのであろう。筆者は「炭の道」と命名した。

⑲熊野三山の主祭神は、家津美《けつみ》御子、速玉男命、事解男《ことさかお》命とされ、家津美御子はスサノオの別名とされている。しかし、全国の熊野神社では家津美御子の名で祭祀することは少ない。

⑳スサノオが登場したが、タカクラジはスサノオの孫に当たり、神武天皇を中心とする日向系の大和朝廷と、スサノオの子のニギハヤヒを中心として出雲から大和に早くから進出していた大和王朝の関係も本論では無視できない。

閑話休題。

さて、宇井姓の伝承を様々な角度、方向から永々と記してきたが、最後に神倉神社で正月過ぎ、毎年二月六日に執行されるお燈祭についてどうしても触れない訳にはいかない。

和歌山県新宮市は熊野川河口西岸に位置し、市域の南側は黒潮洗う熊野灘に面している。広くない平地の背後には、権現山とか千穂峯と呼ばれる山が控えている。その東端山麓には、熊野三山の一つである「熊野速玉大社」が鎮座している。その山塊の西端には、山の中腹にゴトビキ岩と呼ばれるガマ蛙状の巨岩を御神体とする神倉神社が祀られている。旧暦の正月に当たる二月六日の夜、熊野の奇祭と言われる火祭が行なわれる。祭の参加者は男性であれば年齢不問。土地の人に限らず、白装束をすれば参加ＯＫである。白いフード付きの上衣、白い脛巾《はばき》、白足袋をはき、袖口や足首をしばり、腹部にワラの荒縄を奇数回巻く、胴回りの太さで差が出るが多くは七巻きになる。足元はワラジでかためる。

手には、この祭の特徴の一つである松明《たいまつ》を持つ。これは、長さ一メートル程の華《はな》と呼ばれるカンナ屑を杉板数枚で束ねたもので、板には氏名、年齢、願意が墨書されている（「登り子は身支度していざ出発」章末収載）。今はだいぶ廃れて来ているが、熱心な人は、数日前から精進潔斎し、当日午前中、王子浜に出て祝詞を読み、熊野灘の荒浪の中に入り祈祷する（「熊野灘、王子ヶ浜での禊斎」章末収載）。多くの人々は、自宅で白一色の食事をする。白米、白身の魚、豆腐、蒲鉾などである。

二月六日夕暮れ近くなると、白装束に身を固めた「上《あが》り子」と呼ばれる一行は、近隣の仲間たちと隊伍を組んで王子神社、阿須賀神社、速玉大社を巡拝し、振る舞い酒を頂きながら進む。行き交う隊伍は互いに松明を交叉させながら「頼むぜ」と挨拶を交す。そしてかつては「宇井野地」と呼ばれた神倉神社の鎮座地に向う。現在は「初之地」と記され、郵便局名にその名を留めている。社域の前に小川が流れ、橋を渡ると、祭当日は女人禁制となる。橋の左側に大鳥居が建ち、その先には急傾斜の石段が屏風のように聳えている。源頼朝寄進と伝えられる鎌倉造りの自然石を組んだだけの石段が五三八段ある。決して階段と呼べる状態ではない。社前の由緒板には次のように記されている（「神倉神社由緒板」章末収載）。

祭神　高倉下命《たかくらじのみこと》
　　　天照大神

御由緒

熊野権現として有名な熊野速玉大社の摂社である。熊野三山（速玉、那智、本宮）の三神降臨の霊地、熊野信仰の根本とも申すべき霊所である。

御祭神高倉下命は建国の功臣、熊野三党（宇井、鈴木、榎本）の祖として御神徳が高い。

夕刻五時、大鳥居の前に白法被を着て介錯棒という樫の六尺棒を持った一行が集結した。背には「神」と染め抜かれている。先頭には身の丈よりも大形の大松明を捧げる一人もいる。神職の祓いを受けると、若者達は一斉に「ウイウイエイ」と雄叫びをあげた（「神倉青年団、大鳥居前での祓い」章末収載）。

かつて土地の豪族宇井氏の屋敷前を通る時挨拶のため呼びかけたと伝えられている。この一行は、地元神倉町青年団の男たちで、祭りの進行、警備を掌っているのだ。大松明は、この後、神火で着火され、上り子たちの華に点火されるに大切なものである。この頃から、上り子たちは「ワッショイ・ワッショイ」と掛け声をかけながら五三八段の石段を登り神社に向って行く。その数は二〇〇〇人に達する。山上の神社は、ゴトビキ岩に続く岩盤上にあり、狭い土地が柵で囲われ、鳥居には鉄製の門扉がつけられている。日が暮れると、照明一つない山中は闇に包まれていく。午後七時過ぎる頃、山上の神殿で石火で点火された中松明が、途中の中地蔵で待機している大松明に点火して、二本の介錯棒が交叉して保持する形で山上に向う。岩盤上に待機していた上り子達の華に次々と点火され、山は一瞬火の海となる。雨天で華が濡れていたり、風向きによっては、上り子達は煙りや熱に悲鳴をあげるようになり、意気ますます昂揚する。上り子全員が山上に集まると鳥居の門が閉じられる。門外に居ることは許されない（「ゴトビキ岩下の二〇〇〇人が開門を待つ」章末収載）。介錯棒が誘導していく。午後八時近くになると、上り子たちから「開けろ・開けろ」の大合唱が始まる。振舞い酒で酔った男たちの間では喧嘩も始まる。午後八時、鉄門が開かれると若者が一斉に飛び出す。先陣競いで駈け下りて行く。凸凹の石段を飛ぶように駈け、照明灯一つない真暗な急坂、苔で足を滑らせながらである。昔は、第一位には米一俵の賞品が出たという。大部分の上り子は、隊伍を組んで静々と下って行く。焼け焦げた松明の握りの部分は、火が消えないようにしながら自宅に持ち帰り、神棚に供えて祭は終わる。山中の行事は男の祭であるが、神火を迎える所からは女の祭になる。新宮節には、「男の祭、山は火の滝、下り竜」と唄われている。

登り子は身支度していざ出発

熊野灘、王子ヶ浜での潔斎

神倉神社由緒板

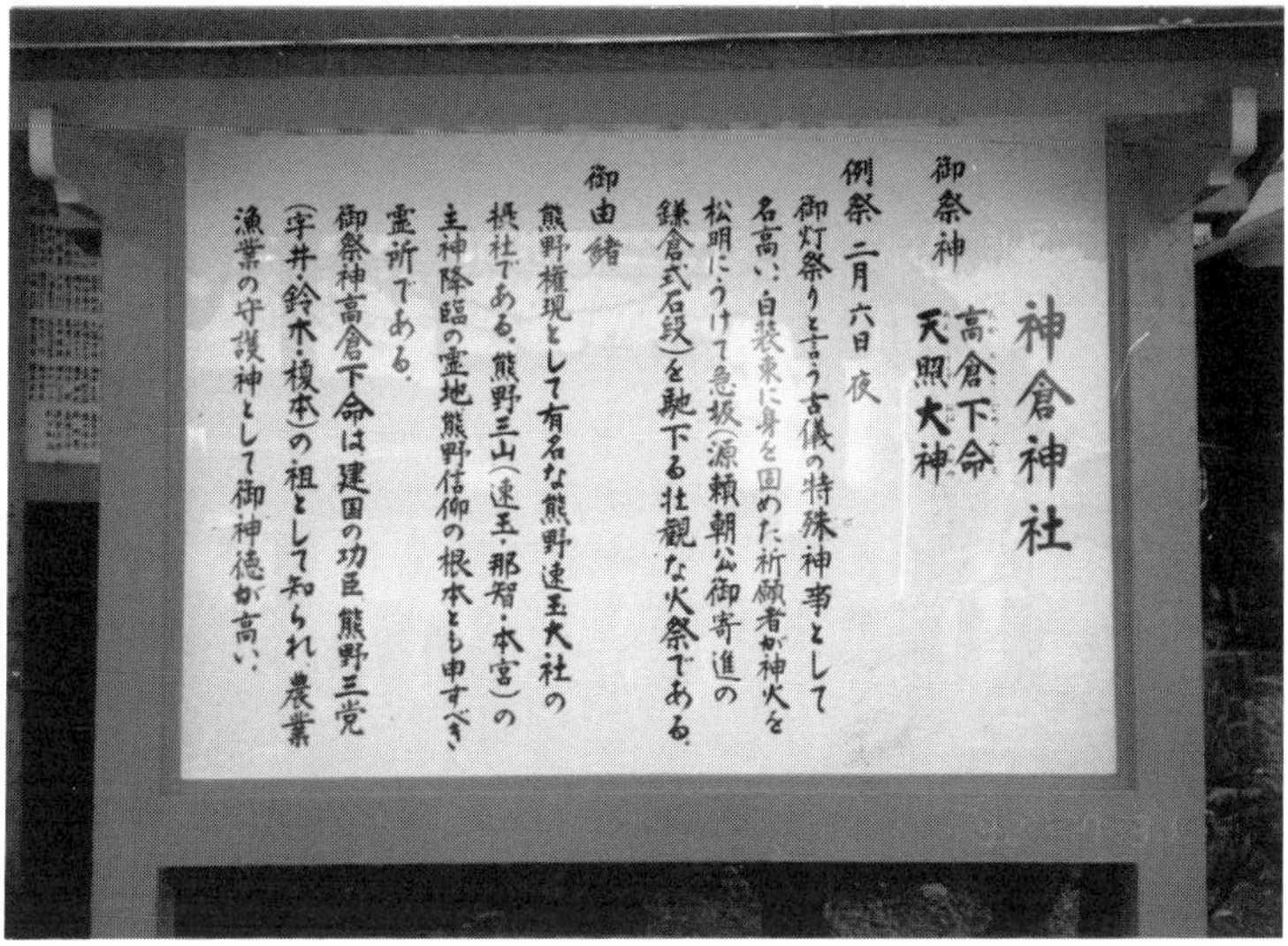
神倉神社
御祭神　高倉下命
天照大神
例祭　二月六日夜
御灯祭りと言う古儀の特殊神事として
名高い。白装束に身を固めた祈願者が神火を
松明にうけて急坂(源頼朝公御寄進の
鎌倉式石段)を馳下る壮観な火祭である。
御由緒
熊野権現として有名な熊野速玉大社の
摂社である。熊野三山(速玉・那智・本宮)の
主神降臨の霊地熊野信仰の根本とも申すべき
霊所である。
御祭神高倉下命は建国の功臣 熊野三党
(宇井・鈴木・榎本)の祖として知られ 農業
漁業の守護神として御神徳が高い。

神倉青年団、大鳥居前での祓い

ゴトビキ岩下の 2000 人が開門を待つ

宇井氏の分布と伝播ルート図

地　区	比 率 %	内　　訳
首都圏	56.5	千葉県・東京・神奈川・埼玉
近畿	18.4	和歌山・三重・奈良・大阪・兵庫
東日本	10.8	栃木・群馬・茨城・福島・宮城・山形
中部	6.7	愛知・岐阜・静岡
小計	92.4	
全県合計 1798 件		

凡例
県名・数字
数字は宇井名義、電話番号台数（3倍すると凡その人数）

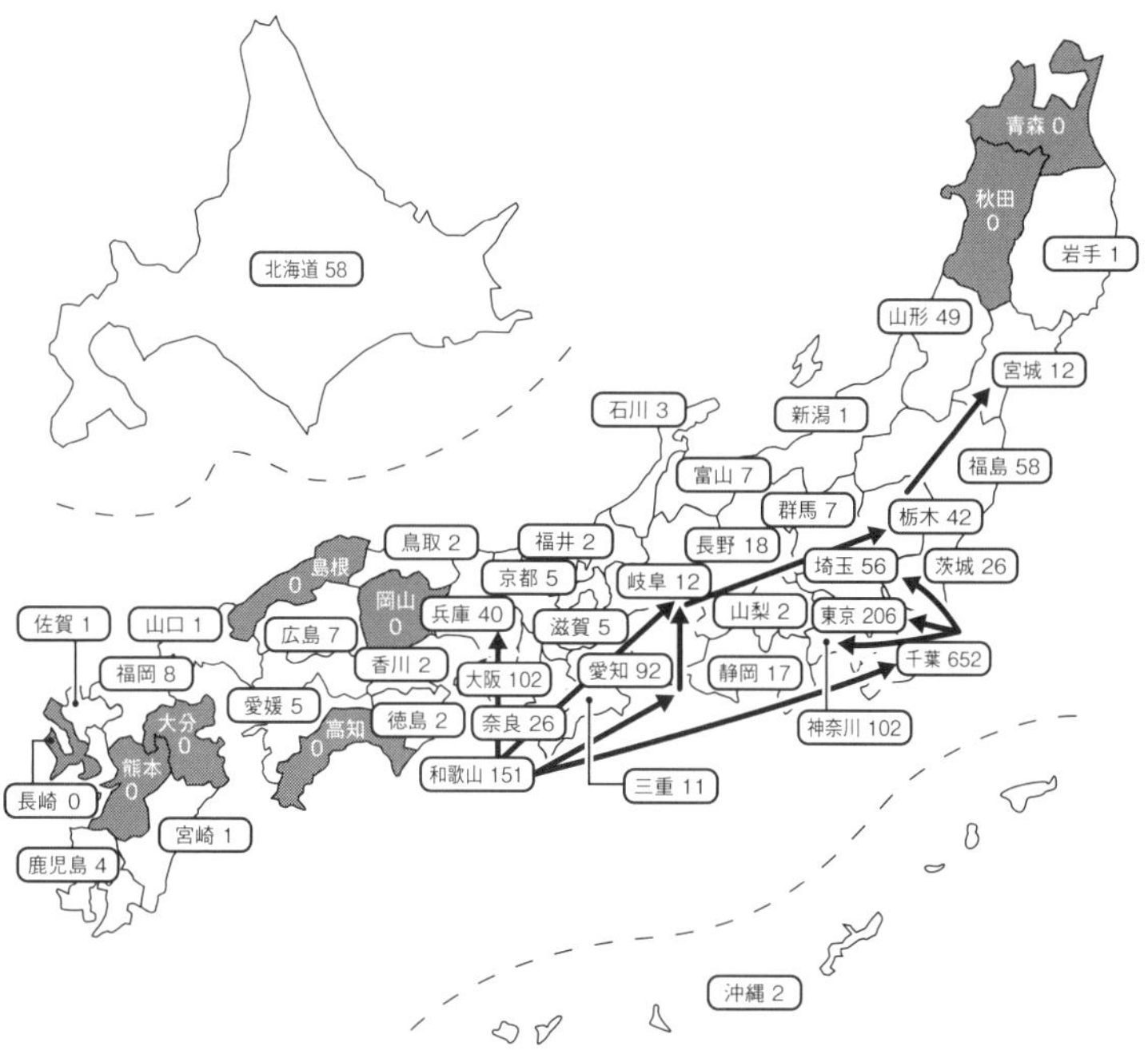

系図リスト（掲載順）

謝辞

三十年に亘る調査活動を終るに当って、貴重な情報を頂いた諸氏には深甚の謝意を捧げたい。なかでも次の諸氏の情報には特記してお礼を申し上げたい。

平成二年、はじめて熊野三山詣をした際、熊野本宮大社で祢宜として登場された峰尾平《おさむ》氏、同氏は後日、退職されて新宮市の熊野川の対岸、三重県紀宝町に住まわれ、小生が新宮市を訪れる度に自ら案内に立ち、貴重な人脈の紹介やら、自ら朱注を入れた古資料を頂戴したりで、筆者最大の知恵の壷であった。

次いで対面したのが、熊野速玉大社宮司であった上野元氏であった。初対面の時から、気安く御教授賜わった。神社界の重鎮であったことを思うと、取材の質問に心良く答えて頂いたことには感謝申し上げたい。

峰尾平氏の紹介で、宇井留十郎、宇井喜一と二人の対面の場を作って頂いた。留十郎氏は西敷屋村の議長、喜一氏は先代まで速玉大社宮司をされていた直系であった。三人は戦友として日支戦にも共に従軍された仲であった。

峰尾氏は、平成五年に新宮市立図書館草加浅一館長を紹介して同行して下さった。そこで「熊野三党系図、榎本家系図」と墨書した封筒を用意し、中から「熊野山新宮社家総系図巻」の電子コピーが現れた。このコピーを複写させて頂いた。最大の調査資料となった。

筆者とは全く別活動をされていた岡崎市の宇井寛治氏が全国の宇井さんへ調査のアンケートを送って来たのを端緒に交流が始った。寛治氏は、拙著『宇井さんの歴史』を手土産に全国へ個別訪問された。その熱意には敬服の一字である。同時に、その接点で入手された諸家の系図等の資料を小生宛に送って下さった。これで調査の横幅が大拡張できた。

従兄弟になるが、宇井博、宇井恵治兄弟、宇井勝良の三氏も物心共に協力を頂いた。三氏共に府馬の出身であるので地元情報の発掘にも力を発揮して頂いた。また「友愛会」なる名称で熊野、出雲へのバス旅行の集客にも力を頂いた。

熊野交通のガイド和田時子氏、出雲旅行での米子交通のガイド渡辺糸子氏、実は「安来節の第四代宗家」を継いだ大家との縁もこの会から生まれたものである。

平成二十一年春には、岡崎の宇井寛治氏を通じて宝賀寿男先生と接触を持てるようになった。先生は古代氏族の系譜研究の大家で、日本家系図学会会長として活躍されている。拙著『ウイウイエイ』に触発されたとして学会機関誌「姓氏と家系」（二〇〇九年第一号）に大論文を発表された。特に「亀井家譜」の存在を知ったのは、以後の小生の活動に大きな支援となった。

小生の著作活動も大小十余冊になったが、これらの本の編集・制作には、現代フォルムの宮崎利厚氏の手が掛かっている。熱意ある協力と助言には深甚の感謝を申し上げたい。

最後に、本書に関係あるすべての同志に対して感謝の雄叫びをあげたい。

「ウイウイエイ（栄）！」

令和二年六月　　　　　　　　　　　　宇井邦夫

出版記録

昭和 57 年　「すぐ役立つ QC サークルのすすめ」

平成 2 年　「丑愛記」

平成 3 年　「志賀重昂・人と足跡」

平成 5 年　「ウイウイエイ・熊野神社と宇井氏の系譜」

平成 6 年　「神倉山のお灯祭」ビデオ監修

平成 7 年　「安政東海大地震見聞録・地震道中記」
宮負定雄著　那智篤敬／宇井邦夫校注

平成 8 年　「山の神とオコゼのはなし」

平成 10 年　「芸術経済論」J. ラスキン著　宇井丑之助／宇井邦夫訳

平成 10 年　「熊野神社歴訪」

平成 12 年　「東京の熊野神社」

平成 16 年　「熊野三山歴史めぐり」

平成 18 年　「宇井さんの歴史」手製版

平成 20 年　「東総の改革者たち・宮負定雄と平田国学」

平成 21 年　「わが庭の花たち」私家版

平成 22 年　「宇井氏の歴史」

平成 25 年　「宇井転変録・八十年の回想」

平成 29 年　「友愛随想録」

平成 30 年　「黒潮の道」私家版

令和 2 年　「宇井氏今昔物語」

宇井邦夫（ういくにお）

昭和8年（1933）丑之助の長男として広島市で生る。
昭和21年、旧制山梨県立甲府中学に入学。昭和23年、早稲田中学3年に転入。昭和24年、早稲田大学高等学院に入学。昭和27年、早稲田大学第一理工学部応用化学科に入学。昭和31年卒業。4月、日本石油㈱入社、平成元年、同社定年退職。この間、製油所勤務、商品開発、品質管理に従事。東邦工業㈱出向を経て、平成1年、理研香料工業㈱に入社。平成7年5月、定年退職。以後年金生活、現在に至る。

宇井氏今昔物語

発行日　2020年8月7日　初版第一刷発行

著　者　宇井邦夫
発行人　仙道弘生
発行所　株式会社 水曜社
〒160-0022 東京都新宿区新宿 1-14-12
TEL 03-3351-8768　FAX 03-5362-7279
URL suiyosha.hondana.jp/
D T P　株式会社 創芸社
装　幀　西口 雄太郎（青丹社）
印　刷　モリモト印刷株式会社

ISBN978-4-88065-488-1　C0021
